LECKERES FÜR BERUFSTÄTIGE

König Berg

INHALTSVERZEICHNIS

START IN DEN TAG

Knackige Müslis, cremige Smoothies oder herzhafte Brotaufstriche: Diese Frühstücksideen garantieren den perfekten Start in den Tag.

REICH AN EISEN & FOLSÄURE

Frühlings-Frischkornmüsli

Ballaststoffreiche Haferflocken, Früchte voller Vitamine und sättigender Magerquark machen dieses Müsli zum absoluten Powerfrühstück.

1 Bio-Orange
4 EL Haferflocken
1 EL Sesamsamen
1 Prise Zimtpulver
einige Erdbeeren (oder Physalis)
einige Stängel Frühlingskräuter (z. B. Brennnesselspitzen, Giersch, Pimpinelle, Kerbel, Kresse)
2–3 EL Magerquark

Für 1 Person
Zubereitung: 30 Min. | Einweichen: 12 Std.
Pro Portion ca. 390 kcal, 19 g E, 12 g F, 48 g KH

1 Am Vortag die Orange heiß waschen und abtrocknen. Die Schale fein abreiben und den Saft auspressen. Saft und Schale mit Haferflocken, Sesamsamen und Zimtpulver mischen und im Kühlschrank ca. 6 Std. (oder über Nacht) ziehen lassen.

2 Am nächsten Tag die Beeren waschen, putzen und klein schneiden. Die Kräuter waschen und trocken schütteln.

3 Den Quark mit dem Müsli verrühren und die Früchte unterheben. Die Kräuter mit der Küchenschere dazuschneiden.

GUT ZU WISSEN

Haferflocken sind besonders mild und die darin enthaltenen Ballaststoffe, die Glucane, sorgen für eine gesunde Darmflora. Außerdem enthält Hafer viel gesundes Fett und reichlich Eisen. Eine Alternative ist Weizen- oder Dinkelschrot. Zimt regt die Verdauung an. Brennnesselspitzen im Müsli helfen beim Entschlacken.

VARIANTE

Statt Orange passt auch 1 geraspelter Apfel dazu – die Flocken mit 150 g Naturjoghurt (1,5 % Fett) einweichen und den Quark weglassen. Müslimuffel können auch 2 Scheiben Vollkornbrot mit einem köstlichen Aufstrich frühstücken. Wer keine Zeit hat, selber einen Brotaufstrich zu machen, belegt 1 Scheibe Vollkornbrot mit 1–2 EL Quark oder 1 TL Butter und 1 TL Fruchtaufstrich. Oder pikant mit 2 EL Hüttenkäse und Radieschen. Oder mit 1 TL Butter und 1 Scheibe Putenschinken oder Käse. Dazu gibt's 1 Orange, ½ Grapefruit oder 1 Apfel.

TIPP

Haferflocken am Vortag mit einer Flüssigkeit zu vermischen und dann über Nacht im Kühlschrank ziehen zu lassen ist der neueste Trend: Overnight Oats, auch kurz ONO genannt! Hier können Sie je nach Lust und Laune variieren und ausprobieren, denn Haferflocken vertragen sich gut mit Milch, Wasser, Säften oder Milchersatz wie Mandelmilch, Sojamilch, Kokosmilch oder Hafermilch. Verschiedene Obstsorten, feine Gewürze und Eiweißquellen wie Quark und Joghurt werden am nächsten Tag zu den Haferflocken gegeben und verfeinern die Overnight Oats noch zusätzlich. Ein herrliches Frühstück, das gesund ist und lange satt macht!

KNUSPRIG & FRUCHTIG

Chia-Crunchy-Müsli mit Erdbeeren und Kiwi

Superfoods sind in aller Munde. Die nährstoffgeladenen Chia-Samen sorgen für einen Turbostart in den Tag.

80 g Chia-Samen (siehe Tipp)
500 ml Mandeldrink
60 g Mandeln
2 TL natives Kokosöl
8 EL Dinkel-Vollkornflocken
4 EL Sesamsamen
2 EL Kokosraspel
1 TL Zimtpulver
2 EL flüssiger Honig
4 Kiwis
250 g Erdbeeren

Für 4 Personen
Zubereitung: 30 Min. | Einweichen: 12 Std.
Pro Portion ca. 545 kcal, 16 g E, 32 g F, 43 g KH

1 Die Chia-Samen in den Mandeldrink einrühren. Die Mischung abgedeckt über Nacht im Kühlschrank quellen lassen.

2 Am nächsten Morgen die Mandeln grob hacken. Das Kokosöl in einer beschichteten Pfanne erhitzen und die Dinkelflocken, Mandeln, Sesamsamen und Kokosraspel darin bei mittlerer Hitze in 3–4 Min. goldbraun anrösten. Alles mit dem Zimt bestreuen, mit dem Honig beträufeln und gut vermischen. Die Masse auf einen Teller geben und kurz abkühlen lassen.

3 Inzwischen die Kiwis schälen und längs vierteln. Die Viertel nach Belieben noch quer in dünne Scheiben schneiden. Die Erdbeeren waschen, vorsichtig trocken tupfen und entkelchen. Die Beeren halbieren oder vierteln.

4 Den Chia-Pudding aus dem Kühlschrank nehmen und abwechselnd mit der Mandel-Sesam-Mischung und den klein geschnittenen Früchten in vier Bechergläser oder Müslischalen schichten. Das Müsli sofort servieren.

GUT ZU WISSEN

Statt in Mandeldrink können Sie die Chia-Samen aus Südamerika auch in Sojadrink, Milch oder einfach in Wasser einweichen. Sie können sie schon nach ca. 10 Min. verwenden. Die wertvollen Nährstoffe sind allerdings besser verfügbar, wenn Sie die Chia-Samen über Nacht quellen lassen. Dabei vergrößern die Winzlinge ihr Gewicht um das Zehnfache und sättigen so perfekt. Ähnlich wie bei Leinsamen ist die Ursache dafür die äußere schleimbildende Schicht. Chia-Samen gibt es im Bioladen oder Reformhaus. Sie liefern reichlich Eiweiß, viele Ballaststoffe und auch Omega-3-Fettsäuren.

IDEALER MUNTER-MACHER

Orangen-Kaffee-Müsli

2 EL löslicher Kaffee
etwas heißes Wasser
250 g Magerquark
1 EL Zucker
2 große Orangen
30 g Walnusskerne
100 g gemischte Getreideflocken
2 TL Ahornsirup oder flüssiger Honig

Für 2 Personen
Zubereitung: 15 Min.
Pro Portion ca. 480 kcal, 27 g E, 12 g F, 59 g KH

1 Den löslichen Kaffee zuerst mit einigen Tropfen heißem Wasser verrühren, dann mit dem Quark und dem Zucker glatt rühren.

2 Die Orangen schälen, dabei auch die weiße Außenhaut entfernen. Die Früchte halbieren und in Scheiben schneiden.

3 Die Walnusskerne grob hacken und mit den Getreideflocken mischen. Zusammen mit den Orangenscheiben anrichten. Den Kaffeequark und zuletzt den Ahornsirup oder den Honig darübergeben.

GUT ZU WISSEN

Die Walnuss hat es in sich! Zum einen beinhaltet sie gesunde ungesättigte Fettsäuren, die sich positiv auf den Cholesterinspiegel auswirken können. Zum anderen ist sie ein wichtiger Lieferant der wertvollen Omega-3-Fettsäuren. Darüber hinaus steckt sie voller wichtiger Vitamine, Mineralstoffe und Spurenelemente. Aber Vorsicht: Mit einem Fettanteil von über 60 Prozent sind die leckeren Nüsse auch echte Kalorienbomben!

LECKERES POWER-FRÜHSTÜCK

Möhrensalat mit Ananas

- 2 EL ungeschälter Sesam
- 1 Orange
- ½ Bio-Zitrone
- 1 EL Apfeldicksaft oder flüssiger Honig
- 2 EL Rapsöl
- 200 g Möhren
- 1 Apfel
- ¼ Ananas (ca. 200 g)
- je 3 Stängel Basilikum und Zitronenmelisse

Für 2 Personen
Zubereitung: 35 Min.
Pro Portion ca. 280 kcal, 4 g E, 18 g F, 24 g KH

1 Sesam unter Rühren in einer Pfanne ohne Fett goldbraun rösten, bis er duftet. Vom Herd nehmen. Den Saft der Orange auspressen. Zitrone heiß waschen, trocken reiben und die Schale dünn abreiben. Orangensaft, Zitronenschale, Apfeldicksaft oder Honig und Öl verrühren.

2 Möhren waschen, putzen und schälen. Apfel waschen, vierteln und entkernen. Möhren und Apfel grob raspeln und mit der Orangensauce vermengen. Die Ananas großzügig schälen und den Strunk entfernen. Das Fruchtfleisch in kleine Würfel schneiden und unter den Möhrensalat heben.

3 Kräuter waschen, trocken tupfen, Blättchen abzupfen und hacken. Salat portionieren und mit Sesam und Kräutern anrichten.

WÄRMT VON INNEN

Herbst-Nuss-Müsli

Dieses Buchweizenmüsli mit Ingwer bringt mit seinen leckeren neuen Aromen jede Menge Abwechslung ins alltägliche Frühstückseinerlei.

100 g Nüsse (z. B. Walnuss- oder Haselnusskerne)
100 g Buchweizen
40 g kandierter Ingwer
50 g Cornflakes
Pro Portion: 1 milder Apfel (z. B. Cox Orange, Goldparmäne oder Jonagold)
100 g Naturjoghurt (1,5 % Fett)
3 EL Müslimix (ca. 30 g)

Für ca. 10 Personen
Zubereitung: 10 Min.
Pro Portion ca. 320 kcal, 9 g E, 9 g F, 48 g KH

1 Die Nüsse grob hacken. Mit dem Buchweizen in einer beschichteten Pfanne rösten, bis sie duften. Dann in eine Schüssel geben.

2 Den kandierten Ingwer fein hacken, mit dem Buchweizen-Nuss-Mix und den Cornflakes mischen. Den Müslimix in einem Schraubglas aufbewahren.

3 Den Apfel waschen, vierteln, entkernen und mit Schale im Blitzhacker zerkleinern. Mit Joghurt und 3 EL Müslimix mischen.

GUT ZU WISSEN

Buchweizen enthält besonders viel der seltenen Aminosäuren Lysin und Tryptophan – gut für Nerven und Laune. Rutin, ein Phenol, sorgt mit der ebenfalls enthaltenen Kieselsäure für straffes Gewebe. Buchweizen gilt in der chinesischen Medizin als wärmend. In Kombination mit Ingwer regt das Ihre Wärmeproduktion an – das verbrennt zusätzlich Kalorien und erleichtert den Übergang in die kalte Jahreszeit. Äpfel bieten rundum Immunschutz – aber bitte mit Schale!

TAUSCHTIPP

Nüsse sind voller gesunder Nährstoffe, guter Fette und Ballaststoffe. Wegen ihres hohen Fettgehalts schlagen sie deshalb auch auf der kalorientechnischen Seite heftig zu Buche. Trotzdem sollten sie oft auf dem Speiseplan stehen, denn sie sind gut fürs Herz und die Gefäße und beinhalten extrem viele wichtige Nährstoffe, die dem gesamten Körper gut tun. Die Auswahl ist hierbei riesengroß. So können Sie sich beim Herbst-Nuss-Müsli durch die wunderbare Vielfalt der Nuss-Welt durchprobieren: Von Cashewkernen und Erdnüssen über Pekannüsse und Macadamia bis hin zur Paranuss gibt es eine Menge zu entdecken.

POWER-DRINK IM GLAS

Beerensmoothie

250 g gemischte TK-Beeren (unaufgetaut)
1 EL Puderzucker
150 ml Aprikosennektar
200 g Buttermilch
3 EL Grenadine (Granatapfelsirup)
5 Eiswürfel
1 Zweig Minze
Puderzucker zum Bestäuben

Für 2 Personen
Zubereitung: 10 Min.
Pro Portion ca. 220 kcal, 5 g E, 1 g F, 47 g KH

1 Die Beeren direkt aus dem Tiefkühlfach nehmen und mit dem Puderzucker, Aprikosennektar, der Buttermilch, 1 EL Grenadine und 5 Eiswürfeln im Standmixer oder in der Küchenmaschine cremig pürieren.

2 Den Drink in zwei Gläser gießen, die restliche Grenadine darüberträufeln, einen Minzezweig in die Mitte stecken und leicht mit Puderzucker überstäuben.

VARIANTE

Smoothies liegen voll im Trend und sind wunderbar variantenreich. Sie können Ihren Smoothie mit den verschiedensten Obstsorten herstellen und auch bei der Flüssigkeitszugabe sind der Fantasie keine Grenzen gesetzt. Probieren Sie z.B. statt Buttermilch einfach mal normale Milch, Mandelmilch oder frisch gepressten Orangensaft. Wer seinen Smoothie besonders cremig und sättigend mag, mixt zusätzlich noch eine Banane hinzu.

Ananas-Kokos-Smoothie

¼ Ananas (ca. 250 g)
1 Banane
2 EL Limettensaft
300 ml Kokosmilch
1–2 EL brauner Zucker
5 Eiswürfel
3 EL Kokosraspel
1 Spalte Limette

Für 2 Personen
Zubereitung: 15 Min.
Pro Portion ca. 450 kcal, 6 g E, 29 g F, 39 g KH

1 Die Ananas aus der Schale schneiden, putzen und den Strunk entfernen, anschließend in Stücke schneiden. Die Banane schälen und in Stücke schneiden. Beides mit dem Limettensaft, der Kokosmilch, dem Zucker und 5 Eiswürfeln in den Standmixer geben und pürieren oder in der Küchenmaschine schaumig schlagen.

2 Die Kokosraspel auf einen Teller geben. Den Rand von zwei Gläsern so mit der Limettenspalte umfahren, dass der Rand mit Saft benetzt ist. Dann in den Kokosraspeln wenden. Den Drink vorsichtig in die Gläser füllen und mit Trinkhalmen servieren.

oben: Beerensmoothie | unten: Ananas-Kokos-Smoothie

VER-
ZAUBERT
IHNEN DEN
MORGEN

Buttermilch-Kokostraum

2 EL Kokosraspel (etwa 25 g) | 6 große reife Aprikosen (etwa 300 g) | ½ TL gemahlener Kardamom | 150 ml fettarme Milch | 150 ml Buttermilch | 4 Eiswürfel

Für 2 Personen
Zubereitung: 10 Min.
Pro Portion ca. 215 kcal, 7 g E, 11 g F, 19 g KH

1 Die Kokosraspel in einer beschichteten Pfanne ohne Fett rösten und abkühlen lassen.

2 Die Aprikosen halbieren und entkernen. Die Hälften würfeln.

3 Die Fruchtwürfel mit Kardamom, Milch, Buttermilch, Eiswürfeln und den Kokosraspeln im Mixer oder mit dem Zauberstab zu einem cremigen Drink aufschlagen. In zwei hohe Gläser füllen und sofort servieren.

Brombeermolke mit Erdbeeren

150 g Brombeeren (frisch oder tiefgekühlt) | 150 g Erdbeeren | 1 EL Honig | 250 ml Molke | flüssiger Süßstoff (nach Belieben)

Für 2 Personen
Zubereitung: 10 Min.
Pro Portion ca. 115 kcal, 2 g E, 1 g F, 22 g KH

1 Die Brombeeren behutsam waschen und verlesen. Die Erdbeeren waschen, trocken tupfen und entstielen. 2 schöne Früchte beiseitelegen.

2 Die Früchte mit dem Honig im Mixer oder mit dem Zauberstab cremig aufschlagen. Mit der Molke nochmals durchmixen. Nach Belieben mit Süßstoff süßen.

3 In zwei hohe Gläser füllen und je 1 Erdbeere an den Rand stecken.

FRUCHTIG & ERFRISCHEND

Avocado-Tomaten-Smoothie

½ kleine reife Avocado (etwa 75 g Fruchtfleisch) | 6 Blättchen und 2 Stängel Basilikum | 2 EL Zitronensaft | 400 ml Tomatensaft | 4 Eiswürfel Salz | Pfeffer | Tabasco | eiskaltes Mineralwasser | 2 Pumpernickel-Taler

Für 2 Personen
Zubereitung: 10 Min.
Pro Portion ca. 150 kcal, 3 g E, 9 g F, 12 g KH

1 Das Avocado-Fruchtfleisch mit einem Löffel aus der Schale lösen. Die Basilikumblättchen in Streifen schneiden.

2 Fruchtfleisch mit Zitronensaft, Tomatensaft, Eiswürfeln und Basilikumstreifen im Mixer oder mit dem Zauberstab cremig pürieren. Mit Salz, Pfeffer und Tabasco abschmecken und in Gläser füllen.

3 Nach Belieben mit Mineralwasser verdünnen. Mit den Basilikumstängeln garnieren und mit den Pumpernickel-Talern servieren.

Mangoquark mit Schokospänen

10 g Pistazienkerne | 1 Mango (200 g, geputzt, gewogen) | 200 g Quark (20 % Fett) | flüssiger Süßstoff (nach Belieben) | 10 g Bitterschokolade (mind. 75 % Kakao)

Für 2 Personen
Zubereitung: 10 Min.
Pro Portion ca. 225 kcal, 15 g E, 10 g F, 17 g KH

1 Die Pistazienkerne in einer beschichteten Pfanne ohne Fett goldgelb rösten und beiseitestellen.

2 Die Mango schälen. Das Fruchtfleisch in Spalten vom Kern lösen und klein würfeln.

3 Den Quark nach Belieben mit Süßstoff süßen. Die Mangowürfel unterheben und in zwei Schälchen füllen.

4 Die Schokolade mit einem scharfen Messer fein hobeln. Mit den Pistazien über den Mangoquark streuen.

links: Green Smoothie Classic | rechts: Sanfter Engel

Green Smoothie Classic

5 saftige Birnen
2 reife Bananen
1 Limette
1 Handvoll Spinat (100 g)
4 Minzeblättchen
400 ml Wasser
Limettensaft (nach Belieben)

Für die Deko:

1 Banane
12 zarte Minzeblättchen
3 Limettenspalten
3 Holzspieße

Für 3 Personen
Zubereitung: 10 Min.
Pro Portion ca. 210 kcal, 3 g E, 1 g F, 46 g KH

1 Die Birnen waschen und vierteln, das Kerngehäuse entfernen. Die Bananen schälen und klein schneiden. Die Limette halbieren, eine Hälfte schälen und klein schneiden und mit den Früchten in den Mixer füllen.

2 Spinat und Minze waschen, abtropfen lassen. Die Minze mit dem Spinat klein schneiden und in den Mixer geben.

3 Das Wasser zufügen. Kurz auf kleiner Stufe starten, dann alles auf höchster Stufe cremig pürieren.

4 Konsistenz und Geschmack prüfen. Nach Belieben etwas Wasser oder Limettensaft zufügen und erneut kurz mixen.

5 Für die Deko die Banane schälen und in Scheiben schneiden. Abwechselnd 1 Bananenscheibe, 1 Blättchen Minze und zum Schluss 1 Limettenspalte auf die Holzspieße stecken. Smoothie in Gläser gießen und die Holzspieße darüberlegen. Frisch servieren und gut gelaunt genießen.

Sanfter Engel

1 EL Chia-Samen
50 ml Wasser
1 Orange
½ Honigmelone
2 weiche Birnen
¼ Zitrone
1 Stange Staudensellerie mit Blättern
Blätter von 1 Bund Radieschen (30 g)
1 große Handvoll Spinat (100 g)
300 ml Wasser

Für die Deko:

1 Scheibe Honigmelone
12 Spinatblättchen
3 Orangenspalten
3 Holzspieße

Für 3 Personen
Zubereitung: 10 Min. | Einweichen: 12 Std.
Pro Portion ca. 155 kcal, 4 g E, 2 g F, 29 g KH

1 Die Chia-Samen über Nacht in 50 ml Wasser einweichen.

2 Die Orange schälen und in Stücke zerlegen. Die Honigmelone schälen und in Stücke teilen. Die Birnen vierteln. Das Zitronenviertel schälen. Alle Früchte zusammen mit den Chia-Samen samt Einweichwasser in den Mixer füllen.

3 Den Staudensellerie waschen und klein schneiden. Die Radieschenblätter und den Spinat verlesen, klein schneiden und mit dem Staudensellerie in den Mixer geben. Das Wasser zufügen. Den Mixer kurz auf kleiner Stufe starten, dann alles auf höchster Stufe cremig pürieren.

4 Für die Deko die Melonenscheibe in Dreiecke schneiden. Abwechselnd 1 Stück Melone, 1 Blättchen Spinat und zum Schluss 1 Orangenspalte auf die Holzspieße stecken.

GUTE-LAUNE-FRÜHSTÜCK

Heidelbeer-Birnen-Pancakes

Süßes Fast Food vom Feinsten: Kleine Pfannkuchen, in denen sich Früchte verstecken, liebt man in Amerika zum Frühstück.

2 Eier
1 Eigelb
200 ml Milch
Salz
1 EL Zucker
¼ TL gemahlene Vanille
250 g Mehl
1 kleine Birne
150 g TK-Heidelbeeren
1–2 EL Butter zum Backen
Puderzucker und Zimtpulver zum Bestäuben

Für 2 Personen als Hauptgericht, für 4 als Dessert
Zubereitung: 25 Min.
Pro Portion (bei 4 Personen) ca. 420 kcal, 13 g E, 13 g F, 61 g KH

1 In einer Schüssel die Eier, das Eigelb, die Milch, 1 Prise Salz, den Zucker, die gemahlene Vanille und das Mehl mit den Quirlen des elektrischen Handrührgeräts zu einem glatten Teig verrühren.

2 Die Birne achteln, vom Kerngehäuse befreien und schälen. Die Achtel quer in Scheiben schneiden und unter den Teig rühren. Dann die gefrorenen Heidelbeeren unter den Teig rühren.

3 In einer großen beschichteten Pfanne etwas Butter zerlassen. Den Teig esslöffelweise in die Pfanne geben. Die Pfannkuchen auf der Unterseite in ca. 2 Min. goldbraun backen, wenden und auf der anderen Seite ebenfalls ca. 2 Min. backen.

4 Auf diese Weise nach und nach den ganzen Teig verarbeiten. Die Pfannkuchen mit Puderzucker und etwas Zimt bestäuben und sofort servieren.

TIPP

Wenn's noch schneller gehen soll, einfach alle Pfannkuchen gleichzeitig in zwei Pfannen backen. Das macht zwar eine zweite Pfanne schmutzig, verkürzt aber die Zubereitungszeit.

VARIANTEN

Diese Pancakes sind so lecker, dass Sie sie am liebsten jeden Morgen genießen möchten. Damit auch keine Langeweile aufkommt, können Sie das Rezept nach Herzenslust variieren. So können Sie statt Birne und Heidelbeeren auch mal Äpfel und Himbeeren in den Teig rühren. Ebenfalls lecker: eine Prise Zimtpulver mit in den Teig mischen!

PERFEKT FÜR FAULE MIT VIEL GEDULD

Sonnenblumenbrot ohne Kneten

Für dieses Rezept brauchen Sie zwar etwas mehr Geduld, das Ergebnis ist jedoch himmlisch lecker.

500 g Weizen- oder Dinkelvollkornmehl und etwas Mehl zum Arbeiten
½ TL Trockenhefe
1 EL Zucker
130 g Sonnenblumenkerne
1 ½ TL Salz
2 EL Naturjoghurt
Fett und Semmelbrösel für die Form

Für 1 Kastenform (16 Scheiben)
Zubereitung: 10 Min. | Gehen: 18 Std. | Backen: 50 Min.
Pro Scheibe: ca. 165 kcal, 6 g E, 5 g F, 23 g KH

1 Am Vortag Mehl, Hefe, Zucker, 100 g Sonnenblumenkerne und Salz in einer Rührschüssel mischen. 400 ml lauwarmes Wasser dazugießen und alles mit einem Holzkochlöffel verrühren. Teig zugedeckt bei Zimmertemperatur ca. 17 Std. gehen lassen.

2 Am nächsten Tag die Form einfetten und mit Bröseln ausstreuen. Den Teig mit etwas Mehl bestäuben, vom Rand der Schüssel lösen und mehrfach von der Seite übereinanderschlagen. Den Teig in die Form geben und noch einmal ca. 1 Std. gehen lassen.

3 Dann den Backofen auf 200° vorheizen, auf den Ofenboden ein Schüsselchen mit Wasser stellen. Teig vorsichtig mit Joghurt bestreichen und mit den restlichen Sonnenblumenkernen bestreuen. Im Ofen (Mitte) ca. 50 Min. backen, bis das Brot eine schöne Kruste bekommen hat.

4 Fertiges Sonnenblumenbrot aus dem Ofen holen und ca. 10 Min. in der Form ruhen lassen. Dann vorsichtig aus der Form stürzen und auf einem Kuchengitter auskühlen lassen.

VARIANTE

Für ein einfaches Weißbrot Sonnenblumenkerne weglassen und das Vollkornmehl durch Weizenmehl Type 405 ersetzen. Dann werden nur 350 ml Wasser benötigt.

GUT ZU WISSEN

Bei Vollkornmehl wird das gesamte Getreidekorn inklusive Keimling zu Mehl verarbeitet, weshalb es besonders reich an Ballaststoffen, Mineralstoffen und Vitaminen ist. Vor allem Ballaststoffe machen lange satt und wirken sich zudem positiv auf die Verdauung aus. Darüber hinaus können sie sogar die Blutzucker- und Cholesterinwerte verbessern. Alles gute Gründe, um bei Backrezepten öfter mal zum Vollkornmehl zu greifen!

FÜR SÜSS-
MÄULCHEN

Schoko-Bananencreme

1 Banane (ca. 100 g)
3 EL Sahnequark
5 EL Zartbitter-Schokoraspel
2 EL Zitronensaft

Für 1 Glas à 200 ml
Zubereitung: 5 Min. | Haltbarkeit im Kühlschrank: 1 Tag
Pro Portion (ca. 30 g) ca. 80 kcal, 2 g E, 5 g F, 6 g KH

1 Die Banane schälen und quer in Scheiben schneiden.

2 Bananenstücke mit Sahnequark, 3 EL Schokoraspeln und Zitronensaft in den elektrischen Zerkleinerer (oder in den Mixer) geben, alles fein pürieren.

3 Bananenpüree in eine Schüssel füllen, die restlichen Schokoraspel untermischen.

4 Schmeckt besonders gut mit Waffeln, Brioche, Hefezopf oder auch Pumpernickel.

TIPP

Die Bananencreme mit 2–3 EL gerösteten Sesamsamen bestreuen.

GUT ZU WISSEN

Bananen stecken voller wichtiger Nährstoffe und eignen sich ideal für ein leckeres Frühstück. So beinhalten sie z.B. besonders viel Kalium, das wichtig für die gesunde Funktion von Nerven und Muskeln ist und auch eine wichtige Rolle bei der Tätigkeit des Herzmuskels spielt. Darüber hinaus sind Bananen auch tolle Vitamin-B6-Lieferanten. Vitamin B6 ist wichtig für die verschiedensten Stoffwechselprozesse und beeinflusst außerdem das Immunsystem. Und ihr hoher Fruchtzuckergehalt gibt vor allem am Morgen schnell Energie. So können Sie gestärkt in den Tag starten!

SCHMECKT FRISCH AM BESTEN

Bircher-Müsli-Aufstrich

100 g Studentenfutter (Fertigmischung mit Rosinen und Nüssen)
2 EL zarte Haferflocken
je 2 EL Sonnenblumenkerne und gehackte Pistazien
je 2 EL Orangen- und Zitronensaft
2 EL Honig
1 EL Sahnequark
1 kleiner Apfel (ca. 100 g)
80 g Himbeeren (frisch oder TK)
Zimtpulver

Für 1 Glas à 300 ml
Zubereitung: 15 Min. | Haltbarkeit im Kühlschrank: 1 Tag
Pro Portion (ca. 30 g) ca. 115 kcal, 3 g E, 6 g F, 11 g KH

1 Studentenfutter mit Haferflocken, Sonnenblumenkernen, Pistazien, Orangensaft, Zitronensaft, Honig und Sahnequark in den elektrischen Zerkleinerer (oder Mixer) geben.

2 Apfel waschen, halbieren, Stielansatz und Kerne entfernen, Fruchtfleisch (mit Schale) grob würfeln. Himbeeren verlesen (oder TK-Himbeeren antauen lassen). Apfel und Himbeeren zur Haferflockenmischung geben, alles fein pürieren.

3 Bircher-Müsli-Aufstrich in eine Schüssel füllen, mit 2–3 Prisen Zimtpulver abschmecken.

4 Schmeckt besonders gut mit Dinkel-Ciabatta, Nussbrot und Hirsebrot.

EXOTIK AUFS BROT

Erdbeer-Couscous-Mandelcreme

200 g Erdbeeren | 1 Stück Vanilleschote (ca. 2 cm, oder 1 Msp. gemahlene Vanille) | 1 TL Rohrzucker | 2–3 getrocknete Steviablätter (Reformhaus) | 50 g Instant-Couscous | 1 EL Mandelmus

Für 8 Personen
Zubereitung: 15 Min.
Pro Portion ca. 50 kcal, 1 g E, 2 g F, 7 g KH

1 Erdbeeren waschen und putzen. Vanilleschote längs aufschlitzen und das Mark herauskratzen. Erdbeeren mit Zucker, Stevia und Vanillemark pürieren.

2 Couscous unter das Erdbeerpüree rühren und ca. 10 Min. quellen lassen. Mandelmus untermischen. Alles noch mal fein pürieren und kalt stellen.

VARIANTEN

Für die Creme können Sie auch Himbeeren oder Blaubeeren verwenden.

Aprikosen-Dattel-Creme

150 g Aprikosen | 3–4 getrocknete Datteln ohne Stein (20 g) | 15 g ungeschälte Sesamsamen

Für 4 Personen
Zubereitung: 20 Min.
Pro Portion ca. 50 kcal, 1 g E, 2 g F, 7 g KH

1 Aprikosen waschen, halbieren und entsteinen. Datteln hacken. Mit den Aprikosenhälften und 50 ml Wasser in einem Topf aufkochen und zugedeckt ca. 10 Min. köcheln lassen, bis die Aprikosen zerfallen. Bei Bedarf etwas Wasser zugeben.

2 Inzwischen die Sesamsamen in einer kleinen beschichteten Pfanne ohne Öl anrösten, bis sie duften. Die Aprikosen-Dattel-Mischung pürieren und die Sesamsamen unterrühren.

GUT ZU WISSEN

Datteln süßen durch ihre Ballaststoffe auf gesunde Art – der Blutzucker steigt nur langsam.

FEINSTE AUFSTRICHE

Maroni-Espresso-Paste

2 TL Espressopulver | 3 TL Carobpulver (aus dem Reformhaus) | 1 TL Rohrzucker | 80 g gegarte Maroni (vakuumverpackt) | 1 Msp. gemahlene Vanille

Für 4 Personen
Zubereitung: 15 Min.
Pro Portion ca. 55 kcal, 2 g E, 1 g F, 10 g KH

1 Einen Espresso aus 50 ml Wasser und dem Espressopulver zubereiten. Das Carobpulver mit dem Zucker unterrühren.

2 Die Maroni mit dem heißen Espresso und der gemahlenen Vanille fein pürieren. Die Paste in ein Schraubglas füllen und kalt stellen.

GUT ZU WISSEN

Carob und Maroni sind milde Gaumenschmeichler mit reichlich Ballaststoffen: Süße, die nicht süchtig macht.

Frucht-Nuss-Aufstrich

20 g gelbe Rosinen | 20 g getrocknete Apfelscheiben | 15 g Nüsse (z. B. Walnusskerne oder ungeschälte Mandeln) | 1 Msp. Zimtpulver | 1 Msp. Nelkenpulver

Für 4 Personen
Zubereitung: 10 Min. | Einweichen: 12 Std.
Pro Portion ca. 55 kcal, 1 g E, 2 g F, 7 g KH

1 Rosinen und Apfelscheiben in eine Schüssel geben, mit 70 ml heißem Wasser übergießen und über Nacht einweichen.

2 Die Nüsse in einer kleinen beschichteten Pfanne ohne Fett rösten, bis sie duften. Nüsse und eingeweichte Früchte samt Einweichwasser im Blitzhacker pürieren. Wenn nötig, so viel Wasser zugeben, dass eine cremige Konsistenz entsteht. Mit Zimt- und Nelkenpulver würzen.

TIPP

Der Aufstrich ist ein feiner Ersatz für Konfitüre mit vielen gesunden Ballaststoffen – sie bringen die Verdauung in Schwung.

VITAMINREICHE ENERGIESPENDER

Fitnessbrote mit Gurken-Kresse-Aufstrich

50 g Ziegenfrischkäse
1 TL Dijon-Senf
1 TL Zitronensaft
1 TL Olivenöl
¼ TL Currypulver
2–3 Spritzer grüner Tabasco
Salz
Pfeffer
1 Mini-Salatgurke
1 hart gekochtes Ei
½ Kästchen Gartenkresse
3 dicke Scheiben Vollkornbrot

Für 1 Person
Zubereitung: 10 Min.
Pro Portion ca. 625 kcal, 28 g E, 24 g F, 71 g KH

1 Den Frischkäse mit Senf, Zitronensaft und dem Olivenöl glatt verrühren. Mit Currypulver, Tabasco, Salz und Pfeffer kräftig würzen.

2 Die Gurke waschen, längs halbieren und die Kerne mit einem Löffel herauskratzen. Die Gurkenhälften in kleine Würfel schneiden. Das Ei schälen und fein hacken. Die Kresse mit einer Küchenschere vom Beet abschneiden, ein bisschen davon für die Dekoration in ein Schraubglas geben.

3 Die Kresse mit den Gurkenwürfeln und dem Ei zum Frischkäse geben und gut untermischen. Den Aufstrich in eine Transportbox mit dicht schließendem Deckel oder in ein Schraubglas geben, verschließen und bis zur Verwendung kalt stellen.

4 Kurz vor dem Verzehr die Brote mit der Creme bestreichen und mit der Deko-Kresse garnieren.

Vollkornbaguette mit Käse-Walnuss-Creme

10 Walnusskernhälften
2 Stängel Petersilie
4 EL frisch geriebener Parmesan
3 EL Crème fraîche
1 TL Zitronensaft
Salz
Pfeffer
1 Birne
1 Vollkorn-Baguettebrötchen

Für 1 Person
Zubereitung: 10 Min.
Pro Portion ca. 850 kcal, 32 g E, 59 g F, 42 g KH

1 Die Walnüsse grob hacken. Die Petersilie abbrausen und trocken schütteln, die Blättchen von den Stängeln zupfen und fein hacken. Beides mit dem Parmesan in eine Schüssel geben.

2 Die Crème fraîche und den Zitronensaft mit in die Schüssel geben und alles glatt verrühren. Die Creme mit Salz und Pfeffer würzen, in ein Schraubglas füllen und bis zur Verwendung kalt stellen.

3 Kurz vor dem Verzehr die Birne waschen und halbieren. Das Kerngehäuse entfernen und eine Birnenhälfte längs in dünne Scheiben schneiden. Das Brötchen aufschneiden und beide Hälften mit der Käse-Walnuss-Creme bestreichen und mit den Birnenspalten belegen. Die andere Birnenhälfte dazu essen oder als Dessert genießen.

oben: Fitnessbrote mit Gurken-Kresse-Aufstrich | unten: Vollkornbaguette mit Käse-Walnuss-Creme

FRÜHLINGS-
FRISCH

Guten-Morgen-Sandwich

130 g Radieschen (geputzt, gewogen) | 2 EL Aceto balsamico bianco | Salz | Pfeffer | 75 g Naturjoghurt | 50 g Frischkäse | 1 EL Mayonnaise | 1 TL mittelscharfer Senf | Zitronensaft | 1 Kästchen Gartenkresse | 4 Blätter Bataviasalat | 6 große Scheiben Vollkorntoast | 4 Scheiben Greyerzer

Für 4 Personen
Zubereitung: 20 Min.
Pro Portion ca. 225 kcal, 10 g E, 12 g F, 19 g KH

1 Die Radieschen waschen und in feine Scheiben schneiden oder hobeln. Mit dem Balsamicoessig marinieren, mit Salz und Pfeffer würzen. Den Backofen auf 180° (Umluft 160°) vorheizen.

2 Joghurt mit Frischkäse, Mayonnaise und Senf verrühren. Mit Salz, Pfeffer und Zitronensaft abschmecken. Das halbe Beet Kresse abschneiden und vorsichtig unterziehen. Die Salatblätter waschen, putzen und trocken schleudern.

3 Die Toastscheiben im Ofen kurz aufbacken, bis sie ganz leicht knusprig sind. Die Brotränder abschneiden. 4 Scheiben mit der Kressecreme bestreichen und mit je 1 Salatblatt belegen. Dann je 1 Käsescheibe darauflegen und die Radieschen darauf verteilen.

4 Die übrige Kresse abschneiden und auf den vier belegten Brotscheiben verteilen. Je zwei davon übereinandersetzen und mit den übrigen, unbelegten Toastscheiben abdecken, sodass Doppeldeckerbrote entstehen. Die Sandwiches diagonal halbieren und servieren.

GANZ EINFACH & LECKER

Frühling aufs Brot

125 ml Gemüsebrühe | 50 g Grünkernschrot | 2 hart gekochte Eier (M) | 1 Möhre | 5 Radieschen | 1 Kästchen Gartenkresse | 3 TL süßer Senf | 1 EL Rapsöl | 2 EL Sauerrahm | Salz | Pfeffer

Für 6 Personen
Zubereitung: 20 Min.
Pro Portion ca. 80 kcal, 4 g E, 4 g F, 7 g KH

1 Brühe aufkochen, Grünkern einrühren und ca. 5 Min. köcheln lassen. Die Eier pellen, Eigelbe auslösen, das Eiweiß fein würfeln. Möhre und Radieschen waschen, putzen und grob würfeln. Kresse vom Beet schneiden.

2 Eigelbe, Möhre und Radieschen, die Hälfte der Kresse, Senf, Öl und Sauerrahm zum Grünkern geben und alles fein pürieren. Mit Salz und Pfeffer abschmecken. Die Eiweißwürfel und die restliche Kresse unterrühren.

Frühlingskräuterbutter

10 Blättchen frische Minze | 1 Stängel Petersilie | 1 Bio-Zitrone | 1 Knoblauchzehe | 200 g weiche Butter | 1 Kästchen Gartenkresse | Salz | Pfeffer

Für 16 Personen
Zubereitung: 10 Min.
Pro Portion ca. 95 kcal, 0 g E, 10 g F, 0 g KH

1 Minze und Petersilie waschen und trocken schütteln. Die Petersilienblätter von den Stielen zupfen und fein hacken. Die Zitrone heiß waschen und trocknen. Die Schale abreiben, den Saft auspressen.

2 Die Knoblauchzehe schälen, fein hacken oder durchpressen und mit den Kräutern, 1 TL Zitronenschale und 3 EL Zitronensaft unter die Butter rühren. Die Kresse mit einer Schere abschneiden und vorsichtig unterheben. Mit Salz, Pfeffer und nach Geschmack weiterem Zitronensaft abschmecken.

DEFTIG, ABER FEIN

Schinken-Kräuter-Quark

100 g Schwarzwälder Schinkenspeck (am Stück)
250 g Quark (40 % Fett)
3 EL Crème fraîche
2 EL frisch geriebener Parmesan
1 Bund Frühlings- oder Salatkräuter (z. B. Schnittlauch, Petersilie, Dill, Kerbel, Estragon)
Salz
Pfeffer

Für 4 Personen
Zubereitung: 20 Min.
Pro Portion ca. 275 kcal, 18 g E, 22 g F, 2 g KH

1 Den Schinkenspeck in dünne, kleine Stifte oder Würfelchen schneiden. Quark mit Crème fraîche und dem Parmesan glatt rühren und den Speck unterheben.

2 Die Kräuter waschen, gut trocken schütteln und fein hacken. Die Kräuter vorsichtig mit dem Quark mischen und mit Salz und Pfeffer abschmecken.

VARIANTE

Wer es milder mag, nimmt statt Schinkenspeck einen geräucherten gekochten Schinken (z. B. Prager Schinken) und mischt zusätzlich noch 1 in kleine Würfelchen geschnittene, entkernte Tomate unter.

TIPP

Besonders hübsch macht sich der Quark auf dem Frühstückstisch, wenn man etwas davon in dünn geschnittene Schinkenscheiben einrollt.

Tomaten-Basilikum-Frischkäse

1 Tomate
1 kleine Knoblauchzehe
2 EL Pinienkerne
1 EL Olivenöl
½ Bund Basilikum
4 getrocknete, in Öl eingelegte Tomaten
200 g Doppelrahmfrischkäse
Salz
Pfeffer

Für 4 Personen
Zubereitung: 30 Min.
Pro Portion ca. 245 kcal, 4 g E, 23 g F, 4 g KH

1 Die Tomate waschen und in Scheiben schneiden, dabei den Stielansatz entfernen. Den Knoblauch schälen und grob hacken.

2 Die Pinienkerne in einer Pfanne ohne Fett rösten, bis sie leicht gebräunt sind. Pinienkerne aus der Pfanne nehmen, Öl hineingeben und heiß werden lassen. Darin die Tomatenscheiben mit dem Knoblauch von beiden Seiten jeweils 2–3 Min. braten. Herausnehmen und abkühlen lassen.

3 Basilikum waschen, trocken schütteln, die Blättchen abzupfen (ein paar für die Deko beiseitelegen) und fein hacken. Getrocknete Tomaten abtropfen und klein würfeln. Die abgekühlten Tomaten mit dem Pürierstab fein pürieren und gut mit dem Frischkäse verrühren. Getrocknete Tomaten und Basilikum unter den Frischkäse heben und mit Salz und Pfeffer würzen. Die Pinienkerne und Basilikumblättchen über die fertige Creme streuen.

oben: Schinken-Kräuter-Quark | unten: Tomaten-Basilikum-Frischkäse

VEGETARISCH

Nussbrot mit Gemüsetatar

2 Möhren | 1 Kohlrabi | 1 Stück Salatgurke (ca. 50 g) | ¼ gelbe Paprikaschote | ½ Bund Petersilie | 100 g leichter Frischkäse (12 % Fett) | Salz | Pfeffer | 4 Scheiben Nussbrot (à ca. 50 g) | 8 Radieschen

Für 2 Personen
Zubereitung: 20 Min.
Pro Portion ca. 390 kcal, 14 g E, 16 g F, 48 g KH

1 Möhren, Kohlrabi und Gurke schälen, Paprika waschen und putzen. Gemüse in kleine Würfel schneiden.

2 Petersilie waschen, trocken tupfen und fein schneiden. Gemüsewürfel und Petersilie mit dem Frischkäse verrühren. Gemüsetatar mit Salz und Pfeffer abschmecken.

3 Gemüsetatar auf den Brotscheiben verteilen. Radieschen waschen, putzen, in dünne Scheiben schneiden und auf die Tatarbrote legen.

Laugenstangen mit Camembertcreme

1 reifer, runder Camembert (ca. 80 g) | ½ Bund Schnittlauch | 1 getrocknete, in Öl eingelegte Tomate | 100 g Halbfett-Frischkäse | 1 EL weiche Butter | Salz | Pfeffer | 4 Radieschen | 2 Laugenstangen

Für 2 Personen
Zubereitung: 20 Min.
Pro Portion ca. 420 kcal, 21 g E, 21 g F, 38 g KH

1 Camembert würfeln und zerdrücken. Schnittlauch waschen, trocken schütteln und klein schneiden. Tomate abtropfen lassen und fein hacken.

2 Frischkäse, Butter, Käse, Tomate und Schnittlauch bis auf 1 EL vermischen. Salzen und pfeffern. Radieschen waschen, putzen, in Scheiben schneiden.

3 Laugenstangen aufschneiden, Camembertcreme auf untere Hälften streichen. Mit Radieschen belegen, mit übrigem Schnittlauch bestreuen. Mit den oberen Laugenstangenhälften abdecken.

HERZHAFTER START

Vollkornbrot mit Tomaten-Ei

100 g kleine Kirschtomaten | 4 getrocknete, in Öl eingelegte Tomaten | 10 g Butter | 4 Eier (S) | Salz | Pfeffer | 4 Scheiben Vollkornbrot (à ca. 40 g) | 50 g leichter Frischkäse (12 % Fett) | 4 Stängel Basilikum

Für 2 Personen
Zubereitung: 10 Min.
Pro Portion ca. 465 kcal, 21 g E, 27 g F, 33 g KH

1 Kirschtomaten waschen, trocken tupfen und vierteln. Getrocknete Tomaten abtropfen lassen und in feine Streifen oder Würfel schneiden.

2 Butter in einer beschichteten Pfanne aufschäumen. Eier in die Pfanne geben und zu Spiegeleiern braten. Gegen Ende die frischen und die getrockneten Tomaten aufstreuen. Salzen und pfeffern.

3 Brotscheiben mit Frischkäse bestreichen und Spiegeleier daraufsetzen. Basilikum waschen, trocken tupfen und einzelne Blättchen darüberstreuen.

Kräuterrührei mit Forelle

4 Eier | 4 EL Milch | Salz | Pfeffer | ½ Bund Schnittlauch | ½ Beet Kresse | 1 EL Butter | 4 Kirschtomaten | 125 g geräuchertes Forellenfilet | 2–3 Kopfsalatblätter

Für 2 Personen
Zubereitung: 25 Min.
Pro Portion ca. 305 kcal, 28 g E, 21 g F, 2 g KH

1 Eier mit Milch, Salz und Pfeffer verquirlen. Schnittlauch waschen, trocken schütteln, klein schneiden. Kresse vom Beet schneiden. Kräuter bis auf 1 EL unter die Eiermilch rühren.

2 Butter in einer Pfanne zerlassen. Eiermasse hineingeben, bei mittlerer Hitze stocken lassen, dabei mit Pfannenwender von außen nach innen schieben.

3 Tomaten waschen, vierteln. Forellenfilet in mundgerechte Stücke schneiden. Rührei auf je 1 Salatblatt geben, mit übrigen Kräutern bestreuen. Forelle und Tomaten daneben anrichten.

SNACKS FÜR ZWISCHEN-DURCH

Egal, ob Süßhunger oder Knabberlust, manchmal muss ein leckerer Snack her. Mit diesen kulinarischen Kleinigkeiten versüßen Sie sich den Arbeitsalltag im Nu.

EXTRA-SCHOKOLADIG

Pekannuss-Brownies

Ein Traum aus Schokolade und Nüssen! Dieser reichhaltige Snack macht glücklich und eignet sich wunderbar als Mitbringsel für die nächste Büroparty.

150 g Mehl und etwas Mehl für die Form
1 TL Backpulver
2 EL Kakaopulver
150 g Zucker
2 Pck. Vanillezucker
100 g Schokotropfen
2 Prisen Salz
100 g Pekannusskerne
200 g Zartbitterschokolade
100 g Butter und etwas Butter für die Form
125 g Mascarpone
3 Eier (M)

Für 1 Brownie-Form (25 Stück)
Zubereitung: 20 Min. | Backen: 25 Min.
Pro Stück ca. 210 kcal, 3 g E, 15 g F, 17 g KH

1 Den Backofen auf 200° vorheizen. Brownie-Form einfetten und mit Mehl ausstreuen.

2 Mehl, Backpulver, Kakao, Zucker, Vanillezucker, Schokotropfen und Salz mischen. Die Pekannusskerne mit den Händen in grobe Stücke zerdrücken und unter die Mehlmischung mischen.

3 Schokolade und Butter in einen Topf geben und bei geringer Hitze schmelzen lassen. Zuerst den Mascarpone und die Eier mit einem Schneebesen unterrühren, dann die Mehlmischung mit einem Holzkochlöffel oder Teigschaber.

4 Teig in die Form füllen und glatt streichen. Im Ofen (Mitte) 20–25 Min. backen.

5 Den fertigen Kuchen aus dem Ofen holen und auf einem Kuchengitter auskühlen lassen. Dann den Kuchen aus der Form heben oder lösen und in quadratische Pekannuss-Brownies schneiden.

TIPP

Wer keine Brownie-Form hat, bäckt den Teig einfach in einer Springform. Oder: doppelte Teigmenge zubereiten, auf einem tiefen Backblech glatt streichen und in den Ofen schieben.

VARIANTEN

Anstatt mit Pekannüssen schmecken die Brownies genauso gut mit Walnüssen oder Macadamianüssen. Wer mag, überzieht sie vor dem Anschneiden noch mit Zartbitterschokolade oder bestäubt sie mit Kakao.

125 g
KAKAO

IMMER WIEDER EIN RENNER

Heidelbeermuffins

Diese Muffins sind der Klassiker schlechthin! Probieren Sie auch mal Variationen mit anderen Obstsorten wie Himbeeren, Äpfel oder Birnen.

125 g Heidelbeeren
150 g Mehl
2 TL Backpulver
1 Pck. Vanillepuddingpulver (zum Kochen)
1 Ei (M)
150 g Zucker
1 Prise Zimtpulver
1 Prise Salz
100 g Naturjoghurt (3,5 % Fett)
6 EL neutrales Öl
2 EL Zitronensaft
12 Muffin-Papierförmchen
12er-Muffinblech

Für 1 Muffinblech (12 Stück)
Zubereitung: 20 Min.| Backen: 20 Min.
Pro Stück ca. 165 kcal, 2 g E, 6 g F, 26 g KH

1 Den Backofen auf 180° vorheizen. Die Papierförmchen in die Mulden des Muffinblechs setzen. Die Heidelbeeren verlesen, waschen und mit Küchenpapier vorsichtig trocken tupfen. Mehl, Backpulver und Vanillepuddingpulver mischen.

2 Ei, Zucker, Zimtpulver, Salz, Joghurt, Öl und Zitronensaft in eine Rührschüssel geben und mit den Quirlen des Handrührgeräts glatt rühren. Die Mehlmischung rasch unterrühren.

3 Je 1 knappen EL Teig in jedes Papierförmchen füllen. Die Heidelbeeren vorsichtig unter den übrigen Teig heben und diesen ebenfalls in den Förmchen verteilen. Im Ofen (Mitte) in ca. 20 Min. goldbraun backen.

4 Die fertigen Muffins aus dem Ofen holen und ca. 5 Min. in dem Blech ruhen lassen. Dann vorsichtig herauslösen und auf einem Kuchengitter auskühlen lassen.

TIPP
Bei den Heidelbeeren möglichst zu frischer Ware greifen. TK-Beeren sind hier weniger gut geeignet, da sie viel Flüssigkeit verlieren und die Muffins stark verfärben würden.

VARIANTEN
Schokofans ersetzen die Heidelbeeren einfach durch die gleiche Menge Schokotropfen. Oder Sie ersetzen die Heidelbeeren mit anderen Fruchtsorten wie z.B. Himbeeren, Kirschen oder Äpfeln.

ORGANIC

EXTRA SAFTIG

Toffee-Muffins

100 g Butter und etwas Butter fürs Blech | 250 g Mehl | 2 geh. TL Backpulver | 200 g Toffifee | 2 Eier | 200 g Crème fraîche, Schmand oder saure Sahne | 100 g Zucker | 4 EL Karamellsauce (aus dem Glas, ersatzweise Schokosauce) | 12er-Muffinblech

Für 1 Muffinblech (12 Stück)
Zubereitung: 20 Min. | Backen: 20–25 Min.
Pro Stück ca. 335 kcal, 4 g E, 18 g F, 38 g KH

1 Den Backofen auf 180° (Umluft 160°) vorheizen, Blechmulden fetten. Die Butter schmelzen, Mehl und Backpulver vermischen. Toffifee grob hacken.

2 Die Eier mit Crème fraîche, Schmand oder saurer Sahne, Zucker, Karamellsauce und der Butter verrühren. Mehlmischung zügig unterrühren, Toffifee untermengen. Den Teig in die Blechvertiefungen füllen. Die Muffins im Ofen (Mitte) 20–25 Min. backen. Herausnehmen, kurz abkühlen lassen und aus der Form lösen.

Kokos-Muffins

100 g Butter und etwas Butter fürs Blech | 200 g Kokosraspel | 6 EL Orangen- oder Kokoslikör (ersatzweise Orangensaft) | 150 g Mehl | 2 geh. TL Backpulver | 2 Eier | 200 g Crème fraîche, Schmand oder saure Sahne | 150 g Zucker | 12er-Muffinblech

Für 1 Muffinblech (12 Stück)
Zubereitung: 15 Min. | Backen: 20–25 Min.
Pro Stück ca. 350 kcal, 4 g E, 26 g F, 25 g KH

1 Den Backofen auf 180° (Umluft 160°) vorheizen, Blechmulden fetten. Die Kokosraspel gründlich mit dem Likör vermischen und kurz ziehen lassen. Die Butter schmelzen, Mehl mit Backpulver vermischen.

2 Die Eier mit Crème fraîche, Schmand oder saurer Sahne, Zucker und Butter verrühren. Mehlmischung zügig unterrühren, die Kokosraspel untermengen. Den Teig in die Blechvertiefungen füllen. Muffins im Ofen (Mitte) 20–25 Min. backen. Herausnehmen, kurz abkühlen lassen und aus der Form lösen.

Mohn-Muffins

150 g Butter und etwas Butter fürs Blech | 250 g Mehl | 2 geh. TL Backpulver | 2 Eier | 200 g Crème fraîche, Schmand oder saure Sahne | 125 g Roh-Rohrzucker | 500 g backfertige Mohnmischung | 2 EL Quittengelee | 12er-Muffinblech

Für 1 Muffinblech (12 Stück)
Zubereitung: 20 Min. | Backen: 20–25 Min.
Pro Stück ca. 415 kcal, 6 g E, 24 g F, 43 g KH

1 Den Backofen auf 180° (Umluft 160°) vorheizen, Blechmulden fetten. Die Butter schmelzen, Mehl und Backpulver vermischen. Eier mit Crème fraîche, Schmand oder saurer Sahne, Zucker und Butter verrühren. Die Mehlmischung zügig unterrühren.

2 In jede Blechvertiefung etwa 1 gehäuften TL Teig füllen. Die Hälfte der Mohnmischung und dann den restlichen Teig darauf verteilen. Im Ofen (Mitte) 20–25 Min. backen, herausnehmen. Übrigen Mohn mit dem Gelee unter Rühren aufkochen, dick auf die heißen Muffins streichen. Abkühlen lassen.

Kernige Muffins

150 g Butter und etwas Butter fürs Blech | 250 g Mehl | 2 geh. TL Backpulver | 2 Eier | 200 g Crème fraîche, Schmand oder saure Sahne | 150 ml Agavendicksaft | 150 g Pinien-, Sonnenblumen- und Kürbiskerne | 1 Pck. Vanillezucker | 12er-Muffinblech

Für 1 Muffinblech (12 Stück)
Zubereitung: 20 Min. | Backen: 20–25 Min.
Pro Stück ca. 365 kcal, 7 g E, 25 g F, 27 g KH

1 Den Backofen auf 180° (Umluft 160°) vorheizen, Blechmulden fetten. Butter schmelzen, Mehl und Backpulver vermischen. Eier mit Crème fraîche, Schmand oder saurer Sahne, Dicksaft und Butter verrühren. Die Mehlmischung zügig unterrühren.

2 In jede Blechvertiefung 1 TL Kernmischung füllen, die Hälfte des Vanillezuckers aufstreuen. Teig einfüllen, übrige Kerne und Vanillezucker aufstreuen. Muffins 20–25 Min. backen. Herausnehmen, kurz abkühlen lassen, aus der Form lösen.

SÜSSES GESCHENK AUS DER KÜCHE

Marmorkuchen im Glas

Kuchen im Glas sind der Renner und eignen sich gut als süßes Mitbringsel für die unterschiedlichsten Anlässe.

125 g weiche Butter und etwas Butter für die Gläser
200 g Mehl und etwas Mehl für die Gläser
1 TL Backpulver
180 g Zucker
1 Pck. Vanillezucker
3 Eier (M)
2 EL brauner Rum (ersatzweise ein paar Spritzer Rumaroma)
2 EL Kakaopulver
2 EL Milch

Für 4 Gläser à 400 ml
Zubereitung: 20 Min. | Backen: 35 Min.
Pro Glas ca. 775 kcal, 14 g E, 38 g F, 92 g KH

1 Den Backofen auf 170° vorheizen. Die Sturzgläser einfetten und mit Mehl ausstreuen. Mehl und Backpulver mischen.

2 In einer Rührschüssel 150 g Zucker und den Vanillezucker mischen. Butter, Eier und Rum dazugeben und alles mit den Quirlen des Handrührgeräts cremig rühren. Mehlmischung dazugeben und auf niedriger Stufe unterrühren, bis ein glatter Teig entstanden ist.

3 Die Hälfte des Teigs in die Gläser füllen. Restlichen Teig mit Kakao, Milch und übrigem Zucker verrühren. Den dunklen auf dem hellen Teig verteilen und mit einer Gabel so durch den Teig fahren, dass ein Marmormuster entsteht.

4 Die Gläser mit Alufolie abdecken und in den Ofen (Mitte) schieben. Die Kuchen 30–35 Min. backen. Herausnehmen, sofort mit den Deckeln verschließen und abkühlen lassen.

GUT ZU WISSEN

Damit sich die kleinen Kuchen nach dem Backen gut aus den Gläsern lösen lassen, müssen diese gerade oder leicht konisch geformt sein. Einige Konfitüregläser aus dem Supermarkt haben eine passende Form, einfach die geleerten Gläser gut ausspülen und dann für die Kuchen verwenden. Im Fachhandel sind aber auch entsprechende Sturz- bzw. Weckgläser erhältlich.

TIPP

Wenn Sie möchten, können Sie sich Ihren Vanillezucker ganz einfach selber herstellen. Hierfür benötigen Sie normalen Haushaltszucker und vom Vanillemark befreite, übriggebliebene Vanilleschoten. Die Herstellung ist dann denkbar einfach: Pro Schote ca. 100 g Zucker abmessen, die Schoten klein schneiden und beides in ein Einmachglas füllen, das sich am besten luftdicht verschließen lässt. Das Glas kräftig schütteln und den Zucker anschließend für einige Wochen ziehen lassen. Die Vanilleschoten geben über eine längere Zeit ihr Aroma ab, sodass Sie einfach Zucker nachfüllen können, wenn der Vorrat zur Neige geht.

RÖSTBROTE ALL'ITALIANA

Bruschetta mit Tomaten

300 g reife Tomaten
2 Frühlingszwiebeln
½ Bund Basilikum
4 EL kalt gepresstes Olivenöl
Salz
Pfeffer
4 große oder 8 kleine Scheiben italienisches Weißbrot oder helles Bauernbrot (ca. 200 g)
1 Knoblauchzehe

Für 4 Personen
Zubereitung: 25 Min.
Pro Portion ca. 225 kcal, 5 g E, 11 g F, 26 g KH

1 Den Backofen auf 250° (Umluft nicht empfehlenswert!) vorheizen oder den Backofengrill später vorheizen. Die Tomaten waschen, vom Stielansatz befreien und klein würfeln. Die Frühlingszwiebeln waschen und putzen, die weißen und hellgrünen Teile in feine Ringe schneiden. Das Basilikum waschen und trocken schütteln, die Blätter abzupfen und in feine Streifen schneiden.

2 Die Tomatenwürfel mit Frühlingszwiebeln, Basilikum und Olivenöl verrühren und mit Salz und Pfeffer abschmecken.

3 Die Brotscheiben halbieren und auf den Rost in den heißen Ofen (Mitte) legen. In 4–5 Min. knusprig rösten.

4 Knoblauch schälen und halbieren, die Brotscheiben damit kräftig einreiben. Brot und Tomatenmischung separat einpacken. Tomatenmischung vor dem Servieren auf die Brote verteilen.

VARIANTEN

Für ein Röstbrot mit Tomaten und Mozzarella die Frühlingszwiebeln durch 125 g klein gewürfelten Mozzarella ersetzen. Würziger wird's mit Manouri (frischem Schafskäse) oder Feta.

REICHHALTIG
CREMIG

Mexikanisches Avocadomus

1 reife, weiche Avocado
Saft von ½ Limette oder Zitrone
1 Tomate
2 Frühlingszwiebeln
½ TL gemahlener Kreuzkümmel
Salz
Pfeffer
Chilipulver (nach Belieben)

Für 4 Personen
Zubereitung: 15 Min.
Pro Portion ca. 130 kcal, 1 g E, 13 g F, 1 g KH

1 Die Avocado längs halbieren und den Kern mit einem Löffel herauslösen. Das Fruchtfleisch mit einem Löffel aus der Schale heben. Grob zerschneiden, Limetten- oder Zitronensaft untermischen. Die Avocado mit einer Gabel fein zerdrücken.

2 Die Tomate waschen, abtrocknen und fein würfeln, dabei den Stielansatz entfernen. Frühlingszwiebeln putzen, waschen und mit dem Grün in feine Ringe schneiden. Beides unter das Avocadomus rühren, das Mus mit Kreuzkümmel, Salz und Pfeffer würzen. Wer es schärfer mag, mischt nach Belieben etwas Chilipulver unter.

UND DAZU?

Dazu passt frisches Baguette oder Fladenbrot.

TIPP

Das Avocadomus ist ein toller Dip für Gemüserohkost oder mexikanische Maischips (Nachos). Mischen Sie ruhig mal kleine Paprikawürfelchen unter, bestreuen Sie das Mus mit gehacktem Koriandergrün oder verschärfen Sie es mit etwas Chilisauce oder Tabasco.

ORIENTALISCH-LECKER

Chili-Kichererbsen-Bruschetta

Der italienische Klassiker kommt hier im völlig neuen Gewand daher, aufgepeppt mit orientalischen Zutaten und Aromen ist er ein Erlebnis.

1 frische rote Chilischote
2 kleine Knoblauchzehen
120 g Kichererbsen (aus der Dose)
½ Bund Petersilie
2–3 EL Olivenöl
½ TL gemahlener Kreuzkümmel
2 EL Joghurt
1 EL Zitronensaft
Salz
Pfeffer
125 g Kirschtomaten
2 große Scheiben Bauernbrot

Für 2 Personen
Zubereitung: 30 Min.
Pro Portion ca. 305 kcal, 7 g E, 17 g F, 30 g KH

1 Chili waschen, putzen und längs aufschneiden. Die Kerne herausschaben, Chilihälften klein würfeln (danach Hände waschen!). 1 Knoblauchzehe schälen und fein hacken. Die Kichererbsen in ein Sieb abgießen, abbrausen und gut abtropfen lassen. Die Petersilie waschen und trocken schütteln, Blätter abzupfen.

2 In einer Pfanne 1 EL Öl erhitzen. Chili, gehackten Knoblauch und Kreuzkümmel hineingeben und ca. 20 Sek. anbraten, bis der Kreuzkümmel zu brutzeln beginnt. Die Kichererbsen dazugeben und bei mittlerer Hitze 2–3 Min. unter Rühren dünsten. Vom Herd nehmen.

3 Die Mischung in ein hohes Gefäß geben. Den Joghurt, Zitronensaft und 1 EL Petersilienblätter zufügen und alles mit dem Pürierstab fein pürieren. Kichererbsenmus mit Salz und Pfeffer abschmecken und ca. 5 Min. abkühlen lassen. Die Kirschtomaten waschen und halbieren.

4 Eine Pfanne erhitzen. Die Brotscheiben halbieren und in der Pfanne bei mittlerer Hitze von beiden Seiten ca. 5 Min. leicht anrösten, zwischendurch wenden. Alternativ kann man das Brot auch toasten.

5 Die übrige Knoblauchzehe halbieren. Das warme Brot damit kräftig einreiben und mit dem übrigen Olivenöl beträufeln. Die Kichererbsenmasse daraufstreichen. Die Kirschtomaten obendrauf geben und mit den übrigen Petersilienblättern bestreuen. Vor dem Servieren Bruschetta mit Pfeffer übermahlen.

TAUSCHTIPP

Statt der frischen kann man auch 2 kleine getrocknete Chilischoten nehmen und mit den Fingern oder im Mörser fein zerbröseln.

TIPP

Vom Aufstrich gleich mehr mixen für den Happen zwischendurch.

MACHT GESUND SATT

Gefüllte Pita-Brote

1 Knoblauchzehe | 100 g Schafsmilch-Joghurt (6 % Fett; ersatzweise Naturjoghurt) | Salz | Pfeffer | Cayennepfeffer | 100 g leichter Schafskäse (Feta; 9 % Fett) | 1 Handvoll gemischter Salat (küchenfertig) | 2 kleine Pita-Brote (à ca. 75 g) | 200 g Krautsalat (Becher oder Frischetheke) | 1 Prise getrocknete Chiliflocken

Für 2 Personen
Zubereitung: 15 Min.
Pro Portion ca. 360 kcal, 22 g E, 8 g F, 46 g KH

1 Den Knoblauch schälen und zerdrücken, mit dem Joghurt, Salz, Pfeffer und etwas Cayennepfeffer verrühren und pikant abschmecken.

2 Den Feta würfeln. Den Salat waschen und trocken schütteln.

3 In die Pita-Brote vorsichtig eine Tasche schneiden und die Brote toasten. Innen mit dem Joghurt bestreichen, Feta, Salat und den Krautsalat hineingeben. Die Chiliflocken aufstreuen.

Bohnenmus-Quesadillas

200 g Kidneybohnen (aus der Dose) | 2 EL Limettensaft | Salz | Pfeffer | 1 TL Chilipulver | 1 große Tomate | 100 g Champignons | 1 Frühlingszwiebel | 4 Weizen-Tortillas (22 cm Ø) | 1 EL Jalapeños (eingelegte Chilischoten, aus dem Glas) | 75 g geriebener Edamer

Für 2 Personen
Zubereitung: 30 Min.
Pro Portion ca. 550 kcal, 26 g E, 13 g F, 80 g KH

1 Backofen auf 180° (Umluft 160°) vorheizen. Bohnen abtropfen lassen und mit Limettensaft fein pürieren. Mit Salz, Pfeffer und Chilipulver würzen. Tomate waschen, vom Stielansatz befreien und klein würfeln. Pilze putzen, in Scheiben schneiden. Frühlingszwiebel waschen, putzen, in feine Ringe schneiden.

2 Zwei Tortillas mit Bohnenmus bestreichen. Tomaten, Champignons, Zwiebeln, Chilis und Käse darauf verteilen. Mit übrigen Tortillas abdecken, andrücken. Auf mit Backpapier belegtem Blech im Ofen (Mitte) ca. 15 Min. backen. In Stücke schneiden. Dazu passt Tomatensalsa.

CROSSOVER ZUM MITNEHMEN

Baguette à la Waldorf

3 Stangen Staudensellerie | 2 Äpfel | 2 EL Zitronensaft | 40 g Walnusskerne | 150 g Joghurt (1,5 % Fett) | Salz | Pfeffer | 2 Baguettebrötchen (à ca. 70 g) | 2 EL mittelscharfer Senf | 2–4 Blätter Eisbergsalat | 2 hart gekochte Eier

Für 2 Personen
Zubereitung: 15 Min.
Pro Portion ca. 505 kcal, 20 g E, 23 g F, 52 g KH

1 Sellerie und Äpfel waschen, putzen bzw. entkernen und in Würfel schneiden, Äpfel mit Zitronensaft beträufeln. Walnusskerne hacken. Joghurt evtl. abgießen oder abtropfen lassen, Sellerie, Apfel und Nüsse damit mischen. Salzen und pfeffern.

2 Die Brötchen aufschneiden und alle Hälften dünn mit Senf bestreichen. Salat waschen, trocken schütteln und zerzupfen.

3 Salat und Joghurtmischung auf die unteren Hälften geben. Eier pellen, in Würfel schneiden und darüberstreuen. Mit den oberen Brötchenhälften abdecken.

Schinken-Rucola-Bagels

20 g Pinienkerne | 1 Handvoll Rucola | 60 g Ricotta | Salz | Pfeffer | 2 feste Tomaten | 1 Chicorée | 2 Bagels (à ca. 80 g) | 75 g Parmaschinken

Für 2 Personen
Zubereitung: 15 Min.
Pro Portion ca. 465 kcal, 23 g E, 22 g F, 44 g KH

1 Die Pinienkerne in einer kleinen Pfanne ohne Fett leicht rösten, dann hacken. Den Rucola waschen, trocken schütteln, ebenfalls hacken. Beides mit Ricotta verrühren, salzen und pfeffern.

2 Die Tomaten waschen, von den Stielansätzen befreien und in Scheiben schneiden. Den Chicorée waschen und putzen, in einzelne Blätter zerlegen. Die Bagels aufschneiden und toasten.

3 Die Rucolacreme auf die Bagelhälften streichen und die Bagels mit Chicorée, Tomaten und Schinken belegt wieder zusammensetzen.

ANTIPASTO »TO GO«

Vitello Wrapato

Hier wird Vitello tonnato in Wrap-Tortillas eingerollt und verwandelt sich auf diese Weise vom italienischen Vorspeisenklassiker zum Crossover-Lunch.

1 Dose Thunfisch im eigenen Saft (140 g Abtropfgewicht)
1 TL Kapern
2 EL Mayonnaise
Saft und fein abgeriebene Schale von ½ Bio-Zitrone
Salz
Pfeffer
2 Blätter Eichblattsalat
2 Wrap-Tortillas (Fertigprodukt, à ca. 60 g)
4 Scheiben Roastbeef

Für 1 Person
Zubereitung: 15 Min.
Pro Portion ca. 660 kcal, 56 g E, 6 g F, 85 g KH

1 Den Thunfisch abtropfen lassen und in einen hohen Rührbecher geben. Kapern, Mayonnaise, Zitronensaft und -schale dazugeben und alles mit dem Stabmixer fein pürieren. Die Thunfischcreme mit Salz und Pfeffer abschmecken.

2 Die Salatblätter waschen und mit Küchenpapier trocken tupfen. Die harten Strünke entfernen und die Blätter mundgerecht zerzupfen.

3 Jeden Wrap jeweils mit der Hälfte der Thunfischcreme bestreichen, dabei rundherum einen ca. 3 cm breiten Rand frei lassen. Den Salat auf den Wraps verteilen und je 2 Roastbeefscheiben darauflegen. Seitliche Wrap-Ränder über die Füllung schlagen und die Wraps von unten nach oben so fest wie möglich einrollen. Die Wraps für den Transport straff in Alufolie wickeln.

TIPP

Wenn Sie etwas mehr Zeit haben, können Sie Ihre Tortillas auch selber machen! Mit diesem Grundrezept gehen sie ganz einfach! Zuerst 90 g Mehl, ¼ TL Backpulver, ¼ TL Salz in einer großen Schüssel vermischen. Anschließend 20 ml Öl und 60 ml warmes Wasser hinzufügen und mit den Knethaken des Handrührgeräts in ca. 2 Min. zu einem geschmeidigen Teig verkneten. Den Teig halbieren und zu 2 Kugeln formen. Diese dann abgedeckt ca. 15 Min. ruhen lassen. Anschließend die Teigkugeln auf einer bemehlten Arbeitsfläche sehr dünn zu einem Kreis ausrollen. Die Tortillas in einer beschichteten Pfanne ohne Öl bei hoher Hitze ca. 45 Sek. backen, bis der Teig Blasen wirft.

oben: Blätterteigtaschen mit Limburger-Lauch-Füllung | unten: Mini-Strudel mit Mango und Schweinefleisch

Blätterteigtaschen mit Limburger-Lauch-Füllung

3 Platten TK-Blätterteig (à 75 g)
1 Stange Lauch
1 TL Öl
75 g Limburger
Salz
Pfeffer
½ TL flüssiger Honig
¼ TL Kümmelsamen
2 EL Milch
Mehl für die Arbeitsfläche

Für 2 Personen
Zubereitung: 30 Min. | Backen: 20 Min.
Pro Portion ca. 605 kcal, 17 g E, 39 g F, 48 g KH

1 Den Blätterteig antauen lassen. Inzwischen den Lauch putzen, längs halbieren, waschen und quer in ca. 1 cm breite Streifen schneiden. Öl in einer Pfanne erhitzen und den Lauch darin bei mittlerer Hitze ca. 4 Min. anbraten. Den Limburger würfeln und mit dem Lauch mischen. Mit Salz, Pfeffer, Honig und Kümmel abschmecken.

2 Backofen auf 200° (Umluft 180°) vorheizen, ein Backblech mit Backpapier auslegen. Die Blätterteigplatten quer halbieren, sodass je zwei Quadrate entstehen, und auf einer bemehlten Arbeitsfläche etwas größer (ca. 13 × 13 cm) ausrollen. In die Mitte jedes Teigquadrats jeweils ein Sechstel der Lauchfüllung geben. Je eine Teighälfte diagonal darüberklappen, sodass dreieckige Teigtaschen entstehen. Die Ränder mit den Zinken einer Gabel zusammendrücken. Die Teigtaschen mit der Milch bestreichen, auf das Backblech legen und im Ofen (Mitte) in 15–20 Min. goldbraun backen.

Mini-Strudel mit Mango und Schweinefleisch

2 Frühlingszwiebeln
1 EL Rapsöl
200 g Schweinehackfleisch
100 g rote Linsen
300 ml Gemüsebrühe
200 g Mangofruchtfleisch
1 Stück Ingwer (ca. 2 cm)
¼ TL Kurkumapulver
Salz
Pfeffer
3 EL Butter
8 Blätter Strudelteig (200 g, aus dem Kühlregal)

Für 2 Personen
Zubereitung: 20 Min. | Backen: 15 Min.
Pro Portion ca. 915 kcal, 44 g E, 42 g F, 90 g KH

1 Frühlingszwiebeln waschen, putzen, in Ringe schneiden. Öl in einer Pfanne erhitzen, Zwiebeln darin anbraten. Hackfleisch dazugeben und krümelig braten. Linsen einstreuen, Brühe angießen und alles bei geringer Hitze 8–10 Min. köcheln lassen.

2 Mango schälen und würfeln. Ingwer schälen, reiben, mit Mango und Kurkuma unter das Hackfleisch mischen. Salzen und pfeffern, auskühlen lassen. Backofen auf 200° (Umluft 180°) vorheizen, Backblech mit Backpapier auslegen. Butter zerlassen.

3 Teigblätter voneinander lösen, mit der Hälfte der Butter bestreichen, dann je 2 Blätter aufeinanderlegen. In der Mitte je ein Viertel der Füllung als länglichen Streifen daraufgeben. Seitliche Teigränder nach innen klappen, Teig von unten nach oben aufrollen und Strudel auf das Blech legen. Mit der übrigen Butter bepinseln und ca. 15 Min. backen.

MIT ROSMARIN-KARAMELL

Ingwer-Chili-Möhren auf Rucola

Wer sagt eigentlich, dass Gemüse langweilig sein muss? Dieses vegane Rezept besticht durch eine Vielzahl an Aromen und Gewürzen.

½ Bund junge Möhren (ca. 350 g)
80 g Rucola
1 Stück frischer Ingwer (ca. 1 cm)
1 Knoblauchzehe
1 frische rote Chilischote
1 Zweig Rosmarin
1 Bio-Orange
1 EL Olivenöl
Salz
Pfeffer
2 EL Zucker
100 g Mandel-Sesam-Tofu (Reformhaus)

Für 2 Personen
Zubereitung: 30 Min.
Pro Portion ca. 280 kcal, 11 g E, 13 g F, 30 g KH

1 Von den Möhren das Grün abschneiden, Möhren schälen und längs halbieren. Rucola waschen, trocken schleudern und die groben Stiele abschneiden. Ingwer und Knoblauch schälen und fein würfeln. Chili waschen, putzen und längs aufschneiden. Die Kerne herausschaben, Chilihälften klein würfeln (danach Hände waschen!). Rosmarin waschen, die Nadeln abstreifen und hacken. Orange heiß waschen und abtrocknen, 1 TL Schale fein abreiben, den Saft auspressen.

2 Das Öl in einer beschichteten Pfanne erhitzen. Knoblauch, Ingwer und Chili darin ca. 1 Min. bei mittlerer Hitze unter Rühren anbraten. Möhren, Orangensaft und -schale dazugeben. Die Möhren zugedeckt bei mittlerer Hitze in ca. 10 Min. bissfest dünsten, dabei ab und zu die Pfanne rütteln. Möhren mit Salz und Pfeffer würzen.

3 Inzwischen den Zucker in die Mitte eines kleinen Topfes häufen und langsam erhitzen, bis er schmilzt und goldbraun karamellisiert, dabei nicht rühren. Vorsicht! Der geschmolzene Zucker wird sehr heiß. Die Rosmarinnadeln dazugeben und in dem Karamell mit einem Löffel wenden, bis sie rundherum damit überzogen sind. Topf vom Herd nehmen, Karamell-Rosmarin auf ein Stück Backpapier geben und darauf abkühlen lassen.

4 Den Rucola und den Rosmarin-Karamell separat einpacken. Möhren in eine Lunchbox geben und mit dem Sud beträufeln. Den Mandel-Tofu in Scheiben schneiden und in Alufolie wickeln. Vor dem Servieren Möhren auf den Rucola geben, Tofu dazu anrichten und alles mit dem Rosmarin-Karamell bestreuen und sofort servieren.

Feldsalat und Tomaten mit Thunfischdressing

Blattsalate lassen sich prima mitnehmen, wie dieses Rezept zeigt. Einfach das Dressing separat einpacken, dann steht dem Genuss nichts im Wege.

50 g Feldsalat
1 Frühlingszwiebel
8 Datteltomaten
75 g Thunfisch im eigenen Saft (aus der Dose)
1 EL frisch geriebener Parmesan
2 EL Aceto balsamico bianco
4 EL Olivenöl
1 TL flüssiger Honig
Salz
Pfeffer

Für 1 Person
Zubereitung: 25 Min.
Pro Portion ca. 570 kcal, 26 g E, 46 g F, 10 g KH

1 Den Feldsalat verlesen, putzen, waschen und trocken schleudern. Die Frühlingszwiebel waschen, putzen und in dünne Ringe schneiden. Die Tomaten waschen, längs halbieren und vom Stielansatz befreien. Feldsalat, Frühlingszwiebel und Tomaten in einer Schüssel mit dicht schließendem Deckel mischen, verschließen und in den Kühlschrank stellen.

2 Für das Dressing den Thunfisch abtropfen lassen und mit einer Gabel grob zerpflücken. Mit Parmesan, Essig, Öl und Honig in eine hohe Rührschüssel geben und mit dem Stabmixer fein pürieren. (Das Dressing sollte leicht dicklich und nicht zu flüssig sein. Wenn es zu fest ist, noch etwas Olivenöl oder Wasser dazugeben.) Dressing mit Salz und Pfeffer abschmecken, in ein Schraubglas füllen und dieses verschließen. Dressing kurz vor dem Servieren über den Salat geben und alles gut vermischen.

UND DAZU?

Zu diesem mediterranen Salatgenuss passt am besten Baguette, Ciabatta, Focaccia oder Olivenbrot. Wer mag, kann das Brot in dünne Scheiben schneiden, schön knusprig toasten und mit Pesto oder Oliven-Tapenade (aus dem Glas) bestreichen.

TAUSCHTIPP

Ganz fix ist der Salat fertig, wenn Sie den Feldsalat durch 50 g fertige Blattsalatmischung (aus dem Kühlregal) ersetzen. Diese Mischungen sind bereits geputzt und gewaschen, und Sie können den Salat direkt mit den anderen Zutaten mischen.

FEURIG-
EXOTISCH

Papaya-Mozzarella mit Chili-Vinaigrette

Die Kombination von Frucht und Käse war schon immer ein Klassiker. Hier kommt sie in einem neuen, exotischen Gewand daher.

1 reife Papaya (ca. 350 g)
250 g Büffel-Mozzarella
4 EL Limettensaft
2 EL Orangensaft
1 TL flüssiger Honig
Salz
Pfeffer
4 EL Olivenöl
1 rote Chilischote
2 Stängel Basilikum

Für 2 Personen
Zubereitung: 25 Min.
Pro Portion ca. 720 kcal, 31 g E, 59 g F, 6 g KH

1 Die Papaya mit einem kleinen Küchenmesser oder dem Sparschäler wie einen Apfel dünn schälen. Dann die Frucht längs halbieren und die schwarzen Kerne mit einem Teelöffel herausschaben. Die Hälften quer halbieren und in knapp ½ cm breite Scheiben schneiden. Den Mozzarella in einem Sieb kurz abtropfen lassen, dann in ca. 1 cm dicke Scheiben schneiden.

2 Den Limetten- und Orangensaft mit dem Honig, Salz und Pfeffer in eine kleine Schüssel geben und mit einem Schneebesen verquirlen. Das Olivenöl nach und nach unterschlagen (siehe Info), bis eine cremige Sauce entstanden ist.

3 Die Chili waschen, putzen und längs aufschneiden. Die Kerne herausschaben, die Chilihälften winzig klein würfeln (danach Hände waschen!) und unter die Salatsauce rühren.

4 Dressing, Papaya und Mozzarella separat einpacken. Basilikum waschen, trocken schütteln und einpacken.

5 Vor dem Servieren die Papaya- und Mozzarellascheiben abwechselnd auf einem großen Teller anrichten. Das Chili-Dressing darüberträufeln. Basilikumblätter abzupfen und obendrauf streuen. Dazu schmeckt Baguette.

GUT ZU WISSEN

Wieso wird das Öl erst zum Schluss unter die Sauce gerührt? Verrührt man zuerst die Säure – z. B. Essig oder wie hier den Limetten- und Orangensaft – mit Salz, Pfeffer und Gewürzen, schließt sie das Aroma auf und die Salzkristalle lösen sich. Gibt man dagegen erst das Öl, dann die Säure dazu oder beides gleichzeitig, umschließt das Öl die Gewürze und sie können ihr Aroma nicht mehr entfalten.

TIPP

Mit echtem Büffelmozzarella wird der fruchtig-scharfe Snack zum Sommertraum.

LECKERE QUARK-VARIATIONEN

Eier-Carpaccio mit Paprikaquark

250 g Speisequark (20 % Fett) | Salz | Pfeffer | 1 rote Paprikaschote | 1 grüne Paprikaschote | 2 EL Ajvar (aus dem Glas) | 2 TL TK-Kräuter italienische Art | 4 hart gekochte Eier | 2 Ciabatta-Brötchen (à ca. 65 g)

Für 2 Personen
Zubereitung: 15 Min.
Pro Portion ca. 495 kcal, 36 g E, 20 g F, 41 g KH

1 Quark mit Salz und Pfeffer verrühren, Menge halbieren. Paprikaschoten waschen, putzen und jeweils separat fein hacken. Rote Paprika zusammen mit Ajvar unter eine Quarkportion rühren, grüne Paprika mit TK-Kräutern unter die andere Quarkportion.

2 Eier, Quark und Brötchen separat einpacken. Vor dem Servieren Eier pellen, in dünne Scheiben schneiden und überlappend auslegen.

3 Brötchen in Scheiben schneiden und mit dem Eier-Carpaccio und dem Quark-Duo genießen.

Chicorée mit Quarkfüllung

2 große Chicorée | 100 g blaue Weintrauben | 100 g grüne Weintrauben | 1 Apfel | 250 g Speisequark (20 % Fett) | Salz | Pfeffer | edelsüßes Paprikapulver | 2 EL Schnittlauchröllchen | 2 Vollkornbrötchen (à ca. 60 g)

Für 2 Personen
Zubereitung: 20 Min.
Pro Portion ca. 395 kcal, 23 g E, 8 g F, 52 g KH

1 Chicoréestauden waschen und putzen, längs halbieren. Jeweils das Innere auslösen (sodass Schiffchen entstehen) und in feine Streifen schneiden. Weintrauben waschen und halbieren.

2 Apfel waschen, vierteln, entkernen und raspeln. Mit Quark und Chicoréestreifen verrühren, mit Salz, Pfeffer und Paprikapulver abschmecken. Trauben dazugeben.

3 Quark in die Chicorée-Schiffchen füllen und Schnittlauch daraufstreuen. Brötchen dazu reichen.

VEGGI-KNABBER-SPASS

Spießchen mit Käsedip

1 kleine Zwiebel | 250 g mageres Rinderhackfleisch | Salz | Pfeffer | 1 EL Öl | 200 g Kirschtomaten | 1 Bund Basilikum | 75 g Gewürzgurken (aus dem Glas) | 400 g körniger Frischkäse (Magerstufe) | Holzspießchen

Für 2 Personen
Zubereitung: 30 Min.
Pro Portion ca. 475 kcal, 57 g E, 24 g F, 7 g KH

1 Zwiebel schälen und fein würfeln. Mit Hackfleisch, Salz und Pfeffer vermengen und etwa 20 kleine Klößchen daraus formen. In einer Pfanne im heißen Öl rundherum 8–10 Min. braun braten.

2 Kirschtomaten und Basilikum waschen und trocken tupfen. Kirschtomaten, einige Basilikumblättchen und Hackbällchen auf Holzspieße reihen.

3 Restliches Basilikum fein schneiden, Gurken klein würfeln. Beides unter den Frischkäse rühren, salzen und pfeffern. Spieße mit Dip genießen.

Auberginen mit Joghurtsauce

2 Auberginen | Salz | 4 EL Olivenöl | 2 Knoblauchzehen | 2 TL getrockneter Oregano | 50 g Feta | 150 g Sahnejoghurt | 1–2 EL Zitronensaft | Pfeffer | ½ Bund Basilikum

Für 2 Personen
Zubereitung: 30 Min.
Pro Portion ca. 375 kcal, 8 g E, 31 g F, 16 g KH

1 Backofen auf 220° (Umluft nicht geeignet) vorheizen. Auberginen waschen, putzen, längs in ca. 5 mm dicke Scheiben schneiden. Salzen, ziehen lassen. Backblech mit 2 EL Öl einpinseln. Knoblauch schälen, fein hacken, mit 1 TL Oregano auf das Blech streuen. Auberginen trocken tupfen, darauflegen, mit übrigem Oregano bestreuen und mit 2 EL Olivenöl beträufeln. Im Ofen ca. 15 Min. backen.

2 Feta und 2 EL Joghurt pürieren, mit übrigem Joghurt und Zitronensaft verrühren. Salzen und pfeffern. Basilikum abzupfen, in Streifen schneiden, unterheben. Auberginen mit dem Dip servieren.

STATT MITTAGS-TISCH BEIM GRIECHEN

Hähnchen-Gemüse-Spieße mit Zucchini-Tsatsiki

Die Spieße sind nicht nur büro-, sondern auch absolut picknicktauglich und lassen sich prima mit den Fingern dippen und essen.

1 Zucchino
100 g Quark (20 % Fett)
75 g Schmand
3 EL Olivenöl
1 Knoblauchzehe
Salz
Pfeffer
½ rote Paprikaschote
200 g Hähnchenbrustfilet
1 TL getrockneter Thymian
4 Schaschlikspieße

Für 3 Personen
Zubereitung: 35 Min.
Pro Portion ca. 210 kcal, 21 g E, 12 g F, 4 g KH

1 Den Zucchino waschen, putzen und längs halbieren. Eine Zucchinohälfte quer in ca. 2 cm breite Stücke schneiden, die andere Hälfte fein raspeln.

2 Für den Tsatsiki die Zucchiniraspel mit dem Quark, dem Schmand und ½ EL Olivenöl verrühren. Den Knoblauch schälen und durch die Presse dazudrücken. Den Tsatsiki mit Salz und Pfeffer würzen, ½ EL Olivenöl darüberträufeln.

3 Die Paprikahälfte von Stiel, Trennwänden sowie Kernen befreien, waschen. Die Hälfte längs vierteln, dann quer in ca. 3 cm große Stücke schneiden. Das Hähnchenbrustfilet in ca. 3 cm große Würfel schneiden. Die Zucchini- und Paprikastücke sowie die Hähnchenbrustwürfel abwechselnd auf die Schaschlikspieße stecken.

4 Das restliche Olivenöl in einer großen Pfanne erhitzen. Die Spieße darin bei mittlerer bis starker Hitze rundherum ca. 3 Min. scharf anbraten, dann die Herdplatte ausschalten und die Spieße zugedeckt ca. 5 Min. ruhen lassen. Mit Salz, Pfeffer und Thymian würzen. Die Spieße und den Tsatsiki separat einpacken. Spieße entweder aufwärmen oder kalt mit dem Tsatsiki genießen.

UND DAZU?

Dazu passt türkisches Fladenbrot, Pesto-Nudelsalat oder Hirten-Weizen-Salat.

VARIANTEN

Sowohl beim Fleisch als auch beim Gemüse können Sie bei den Spießen Abwechslung ins Spiel bringen. Verwenden Sie statt Hähnchenbrustfilet doch mal die gleiche Menge Lammfilet, Putenbrust oder Schweinelende. Und anstelle der Paprika lassen sich ganz prima 20 kleine Champignons oder Kirschtomaten abwechselnd mit den Zucchini- und Fleischstücken aufspießen.

ORIENTALISCH INSPIRIERT

Falafel mit Joghurt-Tomaten-Dip

1 kleine Zwiebel
1 Dose Kichererbsen (265 g Abtropfgewicht)
2 EL Mehl
1 TL gemahlener Kreuzkümmel
Salz
200 g Sahne-Naturjoghurt
100 g stückige Tomaten (aus der Dose)
½ TL gemahlener Koriander
½–1 TL Harissa (Chilipaste)
½–1 TL flüssiger Honig
Öl zum Frittieren

Für 2 Personen
Zubereitung: 20 Min.
Pro Portion ca. 815 kcal, 30 g E, 36 g F, 92 g KH

1 Für die Falafel Zwiebel schälen und fein würfeln. Kichererbsen in ein Sieb abgießen, abbrausen und abtropfen lassen, mit Küchenpapier trocken tupfen. Beides mit Mehl, ½ TL Kreuzkümmel und ¼ TL Salz mit dem Stabmixer glatt pürieren. Mit einem Teelöffel von der Masse zwölf Portionen abstechen und zu Kugeln (ca. 4 cm Ø) formen.

2 Für den Dip den Joghurt mit den Tomaten verrühren. Mit übrigem Kreuzkümmel, Koriander, Harissa, Honig und Salz abschmecken.

3 In einen Topf ca. 1 cm hoch Öl füllen, erhitzen. Ein Holzstäbchen in das Öl halten, wenn daran Bläschen aufsteigen, ist es heiß genug. Dann die Falafel darin bei starker Hitze in 4–6 Min. rundherum goldbraun frittieren. Auf Küchenpapier abtropfen lassen und mit dem Dip essen.

AUFWÄRM-TIPP
Den Backofen auf 150° (Umluft 130°) vorheizen, die Falafel auf einen feuerfesten Teller legen und im Ofen (Mitte) in ca. 10 Min. heiß werden lassen. Schneller geht's in der Mikrowelle: jede Portion bei höchster Wattzahl in 1–2 Min. erwärmen.

MEDITERRAN & RAFFINIERT

Möhren-Kartoffel-Puffer

150 g Magerquark | 1 TL mittelscharfer Senf | 4 EL Sahne | 1 EL Mayonnaise | 1 EL Mineralwasser | 1 Bund gemischte Kräuter | Salz | Pfeffer | 250 g mehligkochende Kartoffeln | 2 Möhren | 2 EL Mehl | 3 EL Sesamsamen | 2 TL Meerrettich | 1 Ei (M) | 2 EL Crème fraîche | 2 EL Öl

Für 2 Personen
Zubereitung: 25 Min.
Pro Portion ca. 695 kcal, 24 g E, 49 g F, 40 g KH

1 Quark mit Senf, Sahne, Mayonnaise und Wasser glatt rühren. Die Kräuter abbrausen und trocken schütteln, Blättchen fein hacken, unter die Quarkmasse rühren. Mit Salz und Pfeffer abschmecken.

2 Kartoffeln und Möhren schälen und grob raspeln. Mehl, Sesam, Meerrettich, Ei und Crème fraîche mischen, mit Salz und Pfeffer würzen. Öl in einer Pfanne erhitzen. Acht Teigportionen zu flachen Puffern drücken und bei mittlerer bis starker Hitze beidseitig je 3–4 Min. braten. Mit dem Quark essen.

Reisküchlein mit Tomaten

1 Schalotte | 10 getrocknete, in Öl eingelegte Tomaten | 250 g vorgegarter Langkornreis | 1 EL Mehl | 1 Ei (M) | 1 EL Quark | Salz | Pfeffer | 250 g frische Tomaten | 5 Oliven (grün und schwarz, ohne Stein) | 3 EL Olivenöl | 2 EL TK-Petersilie

Für 2 Personen
Zubereitung: 25 Min.
Pro Portion ca. 640 kcal, 12 g E, 43 g F, 51 g KH

1 Schalotte schälen und fein würfeln. Getrocknete Tomaten fein würfeln und ein Drittel davon mit Schalotte, Reis, Mehl, Ei und Quark zu einer glatten Masse verrühren. Salzen und pfeffern. Die frischen Tomaten waschen und klein schneiden, dabei die Stielansätze entfernen. Oliven fein hacken.

2 Frische und getrocknete Tomaten in einem Topf anbraten. Oliven und Petersilie dazugeben, salzen und pfeffern. In einer Pfanne mit 2 EL Öl Reismasse bei mittlerer Hitze in 7–8 Min. acht Küchlein backen.

LUNCH IM BÜRO

Salat, Pasta oder Quiche:
Hier warten jede Menge Ideen
für ein ausgewogenes und
sättigendes Mittagessen, das sich
wunderbar vorbereiten lässt.

SATTMACHER FÜR HEISSE TAGE

Griechischer Fladenbrot-Salat

Fladenbrot, Oliven, Halloumi: Die griechische Küche hat so einiges zu bieten. Mit diesem Salat kommt mediterrane Urlaubsstimmung auf!

150 g Fladenbrot
1 Knoblauchzehe
6 EL Olivenöl
3–4 Tomaten (ca. 250 g)
½ Bio-Salatgurke (ca. 175 g)
1 kleine rote Zwiebel
2 eingelegte Peperoni (aus dem Glas)
½ Bund Petersilie
30 g schwarze Oliven
2 EL Weißweinessig
Salz
Pfeffer
½ TL flüssiger Honig
100 g Halloumi-Grillkäse
½ Bio-Zitrone

Für 2 Personen
Zubereitung: 30 Min.
Pro Portion ca. 720 kcal, 20 g E, 49 g F, 48 g KH

1 Den Backofen auf 200° vorheizen. Das Fladenbrot ca. 2 cm groß würfeln und auf ein mit Backpapier belegtes Blech legen. Knoblauch schälen, fein würfeln und mit 2 EL Olivenöl verrühren. Die Brotwürfel damit beträufeln und im Ofen (Mitte) in 5–8 Min. goldbraun rösten.

2 Inzwischen die Tomaten waschen, vom Stielansatz befreien, halbieren und in Scheiben schneiden. Die Gurke waschen, abtrocknen, die Schale mit einem Sparschäler in Streifen abziehen, dabei jeweils etwas Schale an der Gurke lassen. Gurke in dünne Scheiben schneiden. Die Zwiebel schälen, halbieren und in feine Streifen schneiden.

3 Brotwürfel separat einpacken. Tomaten und Gurken in eine Lunchbox geben. Peperoni in feine Ringe schneiden. Petersilie waschen und trocken schütteln, Blätter abzupfen, hacken und mit Peperoni, Oliven und Zwiebeln über den Salat streuen.

4 Essig, Salz, Pfeffer und Honig mit dem Schneebesen verquirlen, übriges Olivenöl nach und nach unterschlagen. Die Sauce, den Halloumi und die Zitronenhäfte separat einpacken.

5 Vor dem Servieren den Halloumi quer halbieren, in dünne Scheiben schneiden und mit den Brotwürfeln auf dem Salat verteilen. Die Zitronenhälfte heiß waschen, abtrocknen, in Spalten schneiden und dazu reichen.

GUT ZU WISSEN

Der nicht schmelzende Halloumi-Käse aus Schafs-, Ziegen- und Kuhmilch kommt aus Zypern und wird bei uns in Salzlake vakuumverpackt angeboten. Falls man ihn nicht findet, kann man auch einfach Fetakäse nehmen.

FRUCHTIG RAFFINIERT

Blattsalat mit Melone und Pistazien

200 g reife Melone (Galia oder Cantaloupe)
2 Zitronen
2 TL Zucker
Meersalz
grüner Pfeffer
75 g Baby-Blattsalate (z. B. Spinat, Mangold oder Rucola)
3 Stängel Basilikum
2 Stängel glatte Petersilie
1 Stiel Dill
20 g gesalzene Pistazienkerne
2 EL Olivenöl

Für 2 Personen
Zubereitung: 30 Min.
Pro Portion ca. 230 kcal, 4 g E, 16 g F, 16 g KH

1 Die Melone schälen, entkernen und in dünne Scheiben schneiden. Die Zitronen schälen, dabei das Weiße mit entfernen, und in dünne Scheibchen schneiden, dabei die Kerne entfernen. Den Saft, der dabei austritt, über die Melone träufeln.

2 Die Zitronenscheiben auf einem Teller auslegen, mit Zucker bestreuen, etwas salzen, pfeffern und stehen lassen, bis sich der Zucker gelöst hat.

3 Inzwischen den Salat putzen, waschen und trocken schleudern. Die Kräuter waschen und trocken tupfen. Basilikum- und Petersilienblätter zerpflücken. Die Dillspitzen grob hacken. Die Kräuter mit dem Salat mischen und in eine Lunchbox geben. Die Zitronen- und Melonenscheiben daraufgeben und locker unterheben. Die Pistazienkerne grob hacken und darüberstreuen. Vor dem Servieren mit dem Öl beträufeln und mit etwas Meersalz und Pfeffer würzen.

SORGT FÜR WÜRZE

Rucola mit gegrillter Melone und Feta

1 kleines Bund Rucola (ca. 80 g)
4 Stängel Minze
100 g Schafskäse (Feta; 45 % Fett)
1 großes Stück Wassermelone (Fruchtfleisch ca. 250 g)
¼ TL Chiliflakes (z. B. Piment d'Espelette)
2 TL guter Aceto balsamico
Meersalz
Pfeffer
1 ½ EL Olivenöl
½ Zitrone

Für 2 Personen
Zubereitung: 25 Min.
Pro Portion ca. 245 kcal, 10 g E, 17 g F, 12 g KH

1 Rucola verlesen, putzen, waschen und trocken schleudern. Minze waschen, trocken tupfen, die kleinen Blättchen ganz lassen, die größeren zerpflücken. Den Käse zerbröckeln. Die Melone in ca. 2 cm dicke Scheiben schneiden, die Schale und Kerne entfernen. Melone mit Küchenpapier trocken tupfen.

2 Den Rucola, den Käse und die Minze in eine Lunchbox geben und mit Chili bestreuen. Essig mit Salz, Pfeffer und 1 EL Öl verrühren und Dressing für den Transport in ein kleines Einmachglas füllen. Eine Grillpfanne stark erhitzen, mit dem restlichen Öl dünn einpinseln, die Melonenscheiben darin auf jeder Seite 2–3 Min. grillen. Melonenscheiben und Zitrone separat einpacken.

3 Vor dem Servieren die Melonenscheiben auf dem Rucola anrichten, mit einigen Spritzern Zitronensaft, Salz und Pfeffer würzen.

TIPP

Wer keine Grillpfanne hat, kann die Melone auf den Gasgrill legen oder eine normale beschichtete Pfanne verwenden. Dann die Melone nur ca. 1 Min. auf jeder Seite braten.

MIT FEEL-GOOD-EFFEKT

Lollo rosso mit Ziegenkäse

Köstliche Komplizen: Knackiger Salat und knusprig ummantelte Käsescheiben sind die perfekten Zutaten für eine herzhafte Express-Mahlzeit.

4 zarte Frühlingszwiebeln
1 großer Kopf Lollo rosso
200 g Kirschtomaten
4 EL Aceto balsamico
Salz
Pfeffer
10 EL Olivenöl
2 Rollen Ziegenfrischkäse (à 200 g)
12 Scheiben Frühstücksspeck (ca. 250 g)

Für 4 Personen
Zubereitung: 20 Min.
Pro Portion ca. 560 kcal, 24 g E, 49 g F, 3 g KH

1 Die Frühlingszwiebeln waschen, putzen und in feine Ringe schneiden. Den Lollo rosso waschen, putzen, trocken schleudern und grob zerzupfen. Die Tomaten waschen, trocken tupfen und halbieren. Salat, Frühlingszwiebeln und Tomaten in eine Lunchbox geben.

2 Den Essig in einer Salatschüssel mit Salz und Pfeffer verrühren, 8 EL Olivenöl mit einem Schneebesen gründlich unterschlagen. Das Dressing abschmecken und für den Transport in ein Einmachglas füllen.

3 Die Ziegenkäserollen in je 6 Scheiben schneiden. Jeweils mit 1 Scheibe Frühstücksspeck umwickeln und mit Pfeffer würzen. Das restliche Olivenöl in einer großen Pfanne erhitzen und die Käsepäckchen darin auf jeder Seite ca. 2 Min. braten, bis der Speck goldbraun ist. Abkühlen lassen und einpacken.

4 Vor dem Servieren die Salatzutaten mit dem Dressing mischen. Den Salat auf Teller verteilen und die gebratenen Käsepäckchen darauf anrichten. Nach Wunsch mit Baguette genießen.

VARIANTEN

Ersetzen Sie den Ziegenkäse einfach mal durch überbackene Ciabattascheiben: Dafür den Backofen auf 225° (Umluft 200°) vorheizen und inzwischen den Salat wie oben beschrieben vorbereiten. Dann 2 Knoblauchzehen schälen und 8 Scheiben Ciabatta damit einreiben. Die Brote mit 50 g frisch geriebenem Parmesan bestreuen, auf ein mit Backpapier ausgelegtes Backblech legen und im heißen Ofen (Mitte) ca. 5 Min. goldbraun überbacken. Statt mit Kirschtomaten kann man den Salat dann auch mit den Blättern von 1 Bund Basilikum zubereiten.

TIPP

Wer auf die Kalorien achtet, kann beim Dressing am Olivenöl sparen und den Frühstücksspeck durch fettarmen geräucherten Schinken ersetzen.

GRÜSSE AUS ORIENT UND ASIEN

Couscous-Erbsen-Salat

20 g Mandelstifte | 125 g TK-Erbsen | Salz | 125 g Instant-Couscous | 1 kleine Dose Maiskörner (ca. 140 g) | 40 g Rosinen | 150 g Joghurt (1,5 % Fett) | Pfeffer | 2 EL Zitronensaft | 1 TL gemahlener Kreuzkümmel | 75 g fettarmer Schafskäse (Feta; 9 % Fett)

Für 2 Personen
Zubereitung: 25 Min.
Pro Portion ca. 535 kcal, 25 g E, 12 g F, 82 g KH

1 Mandeln in einer Pfanne ohne Fett rösten. Erbsen in kochendem Salzwasser ca. 5 Min. garen. Couscous nach Packungsanweisung zubereiten. Erbsen und Mais in einem Sieb abtropfen lassen, mit Mandeln, Couscous und Rosinen mischen.

2 Joghurt mit Salz, Pfeffer, Zitronensaft und Kreuzkümmel verrühren und separat einpacken. Salat in eine Lunchbox geben, Feta zerbröckeln und darüberstreuen. Vor dem Servieren Salat mit dem Dressing mischen und genießen.

Pastasalat mit roten Linsen

100 g Fusilli | Salz | 50 g rote Linsen | ⅛ l Gemüsebrühe | 3 Frühlingszwiebeln | 100 g Mungobohnensprossen | 2 EL Essig | 2 EL Öl | 2 EL süßsaure Chilisauce | Pfeffer | etwas Koriandergrün (nach Belieben)

Für 2 Personen
Zubereitung: 20 Min.
Pro Portion ca. 405 kcal, 14 g E, 12 g F, 59 g KH

1 Fusilli in kochendem Salzwasser bissfest garen. Linsen in die kochende Brühe einstreuen und zugedeckt bei schwacher Hitze 8–10 Min. garen.

2 Frühlingszwiebeln waschen, putzen und in Ringe schneiden. Sprossen waschen und abtropfen lassen.

3 Essig, Öl, Chilisauce, Salz und Pfeffer verrühren. Nudeln und Linsen abtropfen lassen und mit Frühlingszwiebeln und Sprossen mischen, mit dem Dressing vermengen. Koriandergrün waschen, trocken schütteln, hacken und über den Salat streuen.

LECKERE SALAT-IDEEN

Spätzlesalat mit Käsedressing

300 g Zucchini | Salz | 250 g Spätzle (aus dem Kühlregal) | 100 g Joghurt (1,5 % Fett) | 75 g Gorgonzola | Pfeffer | 100 g magerer roher Schinken | 2 EL Kapern (aus dem Glas)

Für 2 Personen
Zubereitung: 20 Min.
Pro Portion ca. 445 kcal, 30 g E, 18 g F, 40 g KH

1 Die Zucchini waschen und putzen, erst in ca. 5 cm lange Stücke, dann in dünne Scheiben und diese in schmale Streifen schneiden. Reichlich Salzwasser aufkochen, die Zucchini und die Spätzle darin ca. 4 Min. garen, anschließend in einem Sieb gut abtropfen lassen. Ausbreiten und etwas abkühlen lassen.

2 Den Joghurt mit dem Gorgonzola pürieren, mit Salz und Pfeffer abschmecken. Mit den Zucchini und den Spätzle mischen. Den Schinken in Streifen schneiden, mit den Kapern zum Salat geben und alles abschmecken.

Indonesischer Reissalat

150 g Basmatireis | Salz | 100 g TK-Erbsen | 100 g Bambusschösslinge (aus der Dose) | 1 Möhre | 100 g Mungobohnensprossen | 3–4 Blätter Chinakohl | 2 EL Öl | 2 EL Zitronensaft | 3 EL Gemüsebrühe | 1–2 TL Sambal Oelek | 2 EL geröstete, gesalzene Erdnusskerne

Für 2 Personen
Zubereitung: 25 Min.
Pro Portion ca. 505 kcal, 17 g E, 19 g F, 65 g KH

1 Reis in kochendem Salzwasser in ca. 15 Min. garen, in den letzten 5 Min. Erbsen dazugeben.

2 Bambusschösslinge abtropfen lassen, Möhre schälen, beides in feine Stifte schneiden. Sprossen abbrausen, Chinakohl waschen, putzen, trocken tupfen und klein schneiden.

3 Öl mit Zitronensaft, Brühe, Salz und Sambal Oelek verquirlen, die vorbereiteten Zutaten darin wenden. Zum Schluß Erdnusskerne aufstreuen.

ORIENTALISCH ANGEHAUCHT

Kürbis-Tabouleh mit Harissa

In diesem Rezept bekommt der Orient-Klassiker durch den Kürbis eine leckere neue Note. Minze und Koriander bringen zusätzlich noch den Frischekick.

250 g Muskat- oder Butternusskürbis
1 rote Paprikaschote
2 ½ EL Olivenöl
60 g Bulgur
150 ml Gemüsebrühe (Instant)
2–3 TL Harissa (aus der Tube)
2 Frühlingszwiebeln
½ Bund Koriandergrün
2 Stängel Minze
3 EL Zitronensaft
2 TL Tomatenmark
Salz
100 g Sahnejoghurt
Pfeffer

Für 2 Personen
Zubereitung: 30 Min. | Abkühlen: 1 Std.
Pro Portion ca. 350 kcal, 8 g E, 17 g F, 40 g KH

1 Den Kürbis schälen, entkernen und in Spalten, dann in ca. 1 cm große Würfel schneiden. Die Paprikaschote vierteln und putzen. Samen und Trennwände entfernen. Paprikaviertel waschen und ebenfalls in kleine Würfel schneiden.

2 In einem Topf 1 EL Olivenöl erhitzen, Kürbis- und Paprikawürfel darin bei mittlerer Hitze 1–2 Min. anbraten. Bulgur dazugeben und die Brühe dazugießen. 2 TL Harissa einrühren. Alles aufkochen und die Bulgur-Mischung zugedeckt bei schwacher Hitze ca. 10 Min. garen, dann offen ausdampfen lassen.

3 Inzwischen die Frühlingszwiebeln waschen und putzen, das dunkle Grün entfernen, weiße und hellgrüne Teile in dünne Scheiben schneiden. Koriandergrün und Minze waschen und trocken schütteln, die Blätter abzupfen und fein hacken.

4 In einer großen Schüssel Zitronensaft, Tomatenmark und Salz mit einem Schneebesen verquirlen, das übrige Öl unterrühren, bis eine cremige Sauce entstanden ist. Bulgurmischung mit einer Gabel auflockern und mit den Frühlingszwiebeln und Kräutern in die Schüssel geben. Alles gründlich vermengen und mit Salz und Harissa abschmecken. Den Salat ca. 1 Std. abkühlen lassen und anschließend einpacken. Joghurt separat mitnehmen.

5 Vor dem Servieren den Joghurt mit 1 EL Wasser cremig rühren, salzen und pfeffern. Anschließend über den Salat geben und genießen.

LEICHT & LECKER

Mais-Zuckerschoten-Salat mit Garnelen

Garnelen punkten vor allem mit niedrigem Kaloriengehalt, viel sättigenden Proteinen und besonders feinem Geschmack.

300 g Zuckerschoten
Salz
1 Dose Maiskörner (ca. 300 g Abtropfgewicht)
2 rote Zwiebeln
4 EL Weißweinessig
Pfeffer
1 TL süßer Senf
6 EL Olivenöl
250 g geschälte, gegarte Garnelen

Für 4 Personen
Zubereitung: 20 Min.
Pro Portion ca. 305 kcal, 16 g E, 17 g F, 20 g KH

1 Die Zuckerschoten waschen und putzen, die Enden abschneiden und die Fäden an der inneren Längsseite abziehen. In wenig Salzwasser zugedeckt 4–5 Min. garen, anschließend in ein Sieb abgießen und gut abtropfen lassen.

2 Den Mais in ein Sieb abgießen und ebenfalls gut abtropfen lassen. Die Zwiebeln schälen, längs halbieren und in sehr feine Streifen schneiden.

3 Den Essig mit Salz, Pfeffer und Senf verrühren. 4 EL Olivenöl mit einem Schneebesen gründlich unterschlagen. Dressing für den Transport in ein Einmachglas geben. Die vorbereiteten Salatzutaten in eine Lunchbox geben.

4 Parallel dazu die Garnelen kalt waschen und gut trocken tupfen. Die restlichen 2 EL Olivenöl in einer Pfanne erhitzen und die Garnelen darin 1–2 Min. braten. Mit Salz und Pfeffer würzen und zum Salat geben.

5 Vor dem Servieren Dressing mit dem Salat mischen. Dazu passen frisches Baguette oder geröstete Toastbrotscheiben.

GUT ZU WISSEN

Garnelen sind für ihren überdurchschnittlich hohen Anteil an Eiweiß bekannt. Eiweiß, auch unter dem Namen Protein bekannt, ist essenziell für den menschlichen Körper und spielt in vielen Prozessen eine wichtige Rolle. Proteine sind unter anderem wichtig für den Zellaufbau, für den Aufbau von Enzymen und Hormonen oder bei der Funktion des Immunsystems. Ein weiterer Vorteil von eiweißreicher Ernährung ist ihr hoher Sättigungsgrad. Wer viele Proteine zu sich nimmt, wird schneller satt und leidet weniger unter Heißhungerattacken.

SORGT FÜR FINESSE

Reis-Krabben-Salat mit Avocado

150 g Vollkornreis
Salz
1 Avocado
1 rotschaliger Apfel (z. B. Elstar)
2 Frühlingszwiebeln
5 Stängel Dill
2 Stängel glatte Petersilie
2 EL Weißweinessig
100 ml warme Gemüsebrühe
1 TL flüssiger Honig
1 EL körniger Senf
Pfeffer
3 EL Rapsöl
150 g Tiefseekrabbenfleisch

Für 2 Personen
Zubereitung: 30 Min.
Pro Portion ca. 760 kcal, 25 g E, 45 g F, 62 g KH

1 Reis in kochendem Salzwasser nach Packungsanweisung garen.

2 Avocado längs halbieren, schälen und den Stein entfernen. Fruchtfleisch in kleine Würfel schneiden. Apfel waschen, vierteln, entkernen und das Fruchtfleisch in feine Würfel schneiden. Frühlingszwiebeln putzen, waschen und in feine Ringe schneiden. Dill und Petersilie waschen, trocken tupfen, Blättchen abzupfen und fein hacken.

3 Reis abgießen, kalt abspülen und gut abtropfen lassen. Essig, Brühe, Honig, Senf, Salz und Pfeffer verrühren. Öl unterrühren.

4 Avocado- und Apfelwürfel, Frühlingszwiebeln, Kräuter, Reis und Vinaigrette vermengen. Krabben unterheben und den Salat kurz ziehen lassen. Mit Salz und Pfeffer abschmecken. Dazu schmeckt Schwarzbrot oder Pumpernickel.

WÜRZIG MIT KRÄUTERN

Rote Bete-Salat mit Räucherfisch

4 Rote Beten (à ca. 180 g)
Salz
1 rote Zwiebel
2 EL Rotweinessig
Pfeffer
1 TL geriebener Meerrettich (aus dem Glas)
1 EL Apfeldicksaft oder flüssiger Honig
100 ml Gemüsebrühe
3 EL Rapsöl
½ Bund Petersilie
½ Bund Schnittlauch
200 g geräuchertes Forellenfilet
1 Frühlingszwiebel

Für 2 Personen
Zubereitung: 25 Min. | Garen: 1 Std. 30 Min. | Marinieren: 30 Min
Pro Portion ca. 405 kcal, 27 g E, 20 g F, 29 g KH

1 Die Roten Beten waschen und mit Schale in kochendem Salzwasser ca. 1 Std. 30 Min. garen.

2 Inzwischen Zwiebel schälen, halbieren und in feine Ringe schneiden. Essig, Zwiebel, Salz, Pfeffer, Meerrettich, Apfeldicksaft oder Honig und Brühe verrühren. Öl unterrühren. Kräuter waschen und trocken tupfen. Petersilienblättchen abzupfen und hacken, Schnittlauch in Röllchen schneiden. Kräuter unter die Vinaigrette rühren.

3 Die Roten Beten abgießen, unter kaltem Wasser abschrecken und schälen. Zuerst in ca. 1 cm dicke Scheiben, dann in Würfel schneiden. Mit der Hälfte der Vinaigrette vermengen und ca. 30 Min. marinieren.

4 Salat mit Salz und Pfeffer abschmecken. Das geräucherte Forellenfilet in Stücke zerteilen und auf dem Salat verteilen. Restliche Vinaigrette darübergeben. Frühlingszwiebel putzen, waschen, in dünne Ringe schneiden und auf dem Salat verteilen. Dazu schmeckt Krustenbrot.

IM SALAT-HIMMEL

Tomaten-Nudel-Salat

150 g Mini-Penne | Salz | 150 g kleine Kirschtomaten | 1 Bund Basilikum | 100 g magerer roher Schinken | 2 EL Olivenöl | 2 EL Brühe | 4 EL Aceto balsamico | Pfeffer | 25 g Parmesan

Für 2 Personen
Zubereitung: 20 Min.
Pro Portion ca. 480 kcal, 25 g E, 16 g F, 58 g KH

1 Die Nudeln nach Packungsanweisung in Salzwasser gerade eben bissfest garen. Die Tomaten waschen, trocken tupfen und halbieren. Das Basilikum waschen und trocken tupfen, die Blättchen abzupfen und grob schneiden. Den Schinken in Streifen schneiden.

2 Das Olivenöl mit der Brühe und dem Essig sowie Salz und Pfeffer gründlich zu einem Dressing verrühren. Mit den vorbereiteten Zutaten mischen und pikant abschmecken.

3 Den Parmesan grob raspeln oder klein würfeln und zum Servieren über den Salat streuen.

Bohnensalat weiß-grün

500 g grüne Bohnen | Salz | 200 g Räuchertofu | ½ Bund Minze | 150 g Joghurt (1,5 % Fett) | Pfeffer | 2 EL Olivenöl | 4 Scheiben Vollkorntoast | 2 EL Pinienkerne

Für 2 Personen
Zubereitung: 30 Min.
Pro Portion ca. 570 kcal, 30 g E, 31 g F, 42 g KH

1 Die Bohnen waschen und putzen, schräg halbieren und zugedeckt in wenig Salzwasser in 8–12 Min. sehr bissfest garen. Abtropfen und etwas abkühlen lassen.

2 Den Tofu in schmale Streifen schneiden. Die Minzeblättchen waschen, trocken tupfen und fein schneiden, mit dem Joghurt verrühren, mit Salz und Pfeffer abschmecken. Mit den Bohnen und dem Tofu vermengen.

3 Das Olivenöl in einer Pfanne erhitzen, das Toastbrot würfeln und im heißen Öl goldbraun rösten. Zuletzt die Pinienkerne mitrösten. Zum Servieren beides auf den Salat geben.

LEICHTE VARIANTEN

Provenzalischer Kartoffelsalat

500 g festkochende Kartoffeln | Salz | 2 Tomaten | 1 kleine Dose Thunfisch im eigenen Saft (80 g) | 1 Dose weiße Riesenbohnen (400 g) | 3 hart gekochte Eier | 150 g Joghurt (1,5 % Fett) | Saft von 1 Zitrone | 1 EL grobkörniger Senf | Pfeffer | 1 TL Kräuter der Provence

Für 2 Personen
Zubereitung: 30 Min.
Pro Portion ca. 550 kcal, 39 g E, 13 g F, 66 g KH

1 Kartoffeln schälen und in Scheiben schneiden, zugedeckt in Salzwasser ca. 8 Min. garen. Abgießen und abkühlen lassen.

2 Tomaten waschen, vierteln und entkernen. Thunfisch abtropfen lassen. Riesenbohnen kalt abbrausen, abtropfen lassen. Eier pellen und vierteln.

3 Joghurt mit Zitronensaft, Senf, Salz, Pfeffer und Kräutern zu einem Dressing verrühren. Alle vorbereiteten Zutaten darin wenden.

Fleischsalat mit Lauch

1 Stange Lauch | 100 g Schweinebratenaufschnitt | 100 g Mixed Pickles | 2 EL Kürbiskernöl | 2 EL Fleischbrühe | Salz | Pfeffer | 2 EL Kürbiskerne | 2 Brezeln

Für 2 Personen
Zubereitung: 20 Min.
Pro Portion ca. 445 kcal, 20 g E, 23 g F, 39 g KH

1 Lauch putzen, waschen, in Ringe schneiden. In einer Schüssel mit kochendem Wasser übergießen, in ein Sieb abgießen und abtropfen lassen.

2 Schweinebratenaufschnitt in breite Streifen schneiden. Mixed Pickles abtropfen lassen und etwas klein schneiden. Lauch, Braten und Pickles zusammen anrichten.

3 Kürbiskernöl mit der Brühe verrühren, mit Salz und Pfeffer würzen. Über die anderen Zutaten träufeln, die Kürbiskerne aufstreuen und die Brezeln dazu genießen.

EXOTISCH-FRUCHTIG

Möhrensalat mit Tofu

2 Möhren
Salz
½ Bund Petersilie
3 Walnusskerne
1 EL Rosinen
1 Stück Ingwer (ca. 2 cm)
2 EL Rapsöl
1 TL flüssiger Honig
je ¼ TL gemahlener Kreuzkümmel, gemahlener Koriander und Kurkumapulver
Pfeffer
150 g Tofu
1 TL Currypulver

Für 1 Person
Zubereitung: 30 Min.
Pro Portion ca. 580 kcal, 21 g E, 42 g F, 30 g KH

1 Die Möhren schälen, in ca. ½ cm dicke Scheiben schneiden und in wenig kochendem Salzwasser offen in ca. 5 Min. bei mittlerer Hitze bissfest garen. In ein Sieb abgießen und abtropfen lassen. Petersilie abbrausen, trocken schütteln und die Blätter grob hacken. Die Walnusskerne ebenfalls grob hacken. Alles mit den Rosinen in einer Schüssel mit dicht schließendem Deckel mischen.

2 Den Ingwer schälen und fein reiben. Mit 1 EL Öl, dem Honig, Kreuzkümmel, Koriander und Kurkuma verrühren. Das Dressing mit Salz und Pfeffer abschmecken, über den Salat geben und gut untermischen. Die Schüssel verschließen.

3 Den Tofu quer in sechs ca. 1 cm breite Scheiben schneiden. Die Tofuscheiben mit Salz, Pfeffer und Currypulver einreiben. Übriges Öl in einer Pfanne erhitzen, Tofu darin bei mittlerer Hitze rundherum in 4–5 Min. goldbraun braten, auskühlen lassen und in einer Brotzeitbox verpacken. Zum Verzehr den Tofu mit dem Salat anrichten.

Putensalat mit Ananas

50 g Glasnudeln
Salz
250 g Putenschnitzel
½ Ananas (ca. 300 g)
50 g Mungobohnensprossen
2 Stängel Minze
50 ml Gemüsebrühe
½ TL Currypulver
1 EL Limettensaft
1 EL Sojasauce
Pfeffer
2 EL Rapsöl
3 EL Cashewkerne

Für 2 Personen
Zubereitung: 25 Min.
Pro Portion ca. 505 kcal, 38 g E, 21 g F, 39 g KH

1 Die Glasnudeln mit kochend heißem, leicht gesalzenem Wasser übergießen und ca. 10 Min. einweichen. Das Putenschnitzel in mundgerechte Streifen schneiden. Ananas schälen, vom Strunk befreien und in kleine Stücke schneiden. Sprossen abbrausen und gut abtropfen lassen. Nudeln in einem Sieb abtropfen lassen, mit einer Küchenschere auf mundgerechte Länge kürzen.

2 Für das Dressing die Minze abbrausen, trocken schütteln und die Blätter fein hacken. Mit Brühe, Currypulver, Limettensaft und Sojasauce verrühren, salzen und pfeffern, 1 EL Öl unterschlagen. Cashewkerne grob hacken und in einer Pfanne ohne Fett anrösten, bis sie duften, dann herausnehmen.

3 Restliches Öl in der Pfanne erhitzen und die Putenstreifen darin bei starker Hitze ca. 4 Min. scharf anbraten. Putenstreifen, Nudeln, Ananas, Sprossen, Cashewnüsse und das Dressing in einer Schüssel mit dicht schließendem Deckel mischen, verschließen. Salat bis zum Verzehr kalt stellen.

oben: Möhrensalat mit Tofu | unten: Putensalat mit Ananas

FEINER KLASSIKER

Quiche mit grünem Spargel

150 g Mehl
100 g Weizenvollkornmehl
125 g kalte Butter
Salz
500 g grüner Spargel
1 TL Zucker
50 g alter Gouda
3 Eier
100 g Sahne
100 g Kräuter-Crème fraîche
Cayennepfeffer
½ Bund Dill
1 Bund Petersilie
1 EL Zitronensaft

Für 1 Springform (8 Stücke)
Zubereitung: 30 Min. | Backen: 45 Min.
Pro Stück ca. 365 kcal, 9 g E, 26 g F, 23 g KH

1 Beide Mehle mit Butter, ½ TL Salz und 5–6 EL eiskaltem Wasser verkneten. Den Mürbeteig ausrollen und die Form damit auskleiden, dabei einen ca. 3 cm hohen Rand formen. Kühl stellen.

2 Den Spargel waschen, putzen, im unteren Drittel schälen und in ca. 5 cm lange Stücke schneiden. In sprudelnd kochendem Wasser mit je 1 Prise Salz und Zucker ca. 2 Min. blanchieren, dann abtropfen lassen. Den Käse reiben, mit Eiern, Sahne und Crème fraîche verrühren, mit Salz und Cayennepfeffer würzen. Kräuter waschen, trocknen, Dillspitzen abzupfen und mit der Petersilie klein schneiden. Kräuter unter die Sahnecreme rühren.

3 Den Ofen auf 200° (Umluft 180°) vorheizen. Spargel auf dem Teig verteilen und mit Zitronensaft beträufeln. Die Kräutercreme darübergießen. Die Quiche im Ofen (unten) in ca. 45 Min. goldbraun backen.

GELINGT LEICHT

Möhren-Kartoffel-Tarte

450 g mehligkochende Kartoffeln
Saft von ½ Zitrone
120 g Polentagrieß
3 Eier
Salz
1 Prise getrockneter Majoran
300 g Möhren
je ½ Bund Petersilie und Koriandergrün
150 g saure Sahne
1 TL Currypulver
1 Spritzer Zitronensaft
1 Prise Zucker
Butter für die Form

Für 1 Springform (8 Stücke)
Zubereitung: 30 Min. | Backen: 45 Min.
Pro Stück ca. 155 kcal, 6 g E, 6 g F, 21 g KH

1 Für den Teig die Kartoffeln waschen, schälen und reiben. In einem Sieb abtropfen lassen, anschließend auspressen und mit 1 Spritzer Zitronensaft beträufeln. Mit 1 TL Salz und Majoran würzen, Grieß und 1 Ei untermischen.

2 Die Möhren putzen, schälen und ca. 2 Min. in kochendem Salzwasser blanchieren, dann in Scheiben schneiden. Die Kräuter waschen, trocknen und klein schneiden, mit 2 Eiern, saurer Sahne, Curry, Zitronensaft, 1 Prise Salz und Zucker verrühren. Die Möhrenscheiben untermischen.

3 Den Ofen auf 200° (Umluft 180°) vorheizen. Die Form fetten. Den Kartoffelteig einfüllen, den Rand ein wenig hochdrücken. Die Möhrenmischung einfüllen. Die Tarte im Ofen (unten) ca. 45 Min. backen.

LUNCH-GENUSS

Räucherlachs-Mangold-Quiche

220 g Mehl
120 g kalte Butter
Salz
1 Eigelb
4–5 EL Milch
600 g Mangold
1 Zwiebel
1 EL Butter
1 TL abgeriebene Schale einer Bio-Zitrone
1 Spritzer Zitronensaft
2 TL Sojasauce
Pfeffer
frisch geriebene Muskatnuss
200 g Räucherlachs
50 g Emmentaler
150 g saure Sahne
2 Eier

Für 1 Springform (8 Stücke)
Zubereitung: 30 Min. | Backen: 50 Min.
Pro Stück ca. 385 kcal, 16 g E, 26 g F, 22 g KH

1 Das Mehl mit der Butter in Stücken, ½ TL Salz, Eigelb und Milch verkneten. Teig kühl stellen. Den Mangold waschen und abtropfen lassen. Blätter von den Stielen schneiden, beides in ca. 1 cm breite Streifen schneiden. Zwiebel schälen und würfeln. Butter in einer großen Pfanne erhitzen und Zwiebel darin glasig braten. Mangoldstiele ca. 3 Min. mitbraten. Die Blätter zufügen und ca. 2 Min. braten. Mit Zitronenschale, Zitronensaft, Sojasauce, Salz, Pfeffer und Muskat abschmecken. Etwas abkühlen lassen. Lachs klein schneiden und unterheben.

2 Ofen auf 190° (Umluft 170°) vorheizen. Den Käse reiben, mit saurer Sahne und den Eiern verquirlen. Teig ausrollen, die Form damit auskleiden, dabei einen ca. 4 cm hohen Rand formen. Die Mangold-Lachs-Mischung einfüllen und mit der Eiercreme überziehen. Quiche im Ofen (unten) 45–50 Min. backen.

BESONDERS EDEL

Garnelen-Lauch-Tarte

2 Knoblauchzehen | 3 dünne Stangen Lauch | 1 EL Butter | ½ TL getrockneter Dill | 2 TL Zitronensaft | 250 g Garnelen | 150 g Crème fraîche | 3 Eier | Salz | Pfeffer | 1 Packung Blätterteig (275 g, aus dem Kühlregal)

Für 1 Springform (8 Stücke)
Zubereitung: 30 Min. | Backen: 35–40 Min.
Pro Stück ca. 280 kcal, 11 g E, 20 g F, 13 g KH

1 Knoblauch schälen und fein hacken. Lauch putzen, waschen und in Streifen schneiden. Lauch und Knoblauch in der Butter ca. 2 Min. anbraten. Dill, Zitronensaft und Garnelen dazugeben. Crème fraîche mit den Eiern, 1 Prise Salz und Pfeffer vermischen und unterziehen.

2 Ofen auf 200° (Umluft 180°) vorheizen. Den Teig ausrollen und die Form damit auskleiden, dabei einen ca. 3 cm hohen Rand formen. Lauch-Garnelen-Masse einfüllen. Die Tarte im Ofen (unten) 35–40 Min. backen.

Muscheltarte

50 g Butter | 100 g Filoteig (3 Blätter) | 3 Schalotten | 2 Knoblauchzehen | 30 g Parmesan | 3 Eier | 150 g Sahne | Salz | Cayennepfeffer | je 1 Spritzer Zitronensaft und Angostura bitter | ½ TL getrockneter Dill | 1 Glas Miesmuscheln (200 g Abtropfgewicht)

Für 1 Springform (8 Stücke)
Zubereitung: 15 Min. | Backen: 30 Min.
Pro Stück ca. 220 kcal, 8 g E, 18 g F, 6 g KH

1 Die Form etwas buttern und die Teigblätter einlegen. Ofen auf 190° (Umluft 170°) vorheizen.

2 Schalotten und Knoblauch schälen und klein schneiden. Käse reiben und mit allen übrigen Zutaten und Gewürzen verquirlen. Muscheln abtropfen und dazugeben. Alles auf den Teig in die Form gießen, die Teigränder darüberschlagen. Die restliche Butter in Flöckchen darauf verteilen. Tarte im Ofen (unten) ca. 30 Min. backen.

SCHARF-
WÜRZIG

Buntes Gemüse mit scharfen Cashews

Vitaminreich, farbenprächtig und voller Geschmack – so gelingt Gemüse im Wok in wenigen Minuten. Abwandlung erlaubt!

2 Möhren
1 rote Paprikaschote
200 g Zuckerschoten
250 g kleine Brokkoliröschen
150 g kleine Maiskölbchen (frisch oder aus der Dose)
100 g Cashewkerne
1 TL Chilipulver
Salz
6 EL Sojasauce
2 EL Kecap manis (süße Sojasauce)
1/8 l Gemüsebrühe oder Wasser

Für 4 Personen
Zubereitung: 25 Min.
Pro Portion ca. 230 kcal, 11 g E, 11 g F, 22 g KH

1 Die Möhren schälen und in knapp 1 cm dicke Scheiben, dann in ebenso breite Streifen schneiden. Die Paprika halbieren, Stiel, Kerne und Trennhäute entfernen, Paprika waschen und in Streifen schneiden. Zuckerschoten, Brokkoli und Maiskölbchen waschen und putzen. Die Maiskölbchen längs halbieren.

2 Im Wok oder einer großen Pfanne 2 EL Öl erhitzen und die Cashewkerne darin unter Rühren goldgelb rösten. Mit Chilipulver und Salz würzen, kurz weiterbraten, dann herausnehmen.

3 Das restliche Öl in den Wok geben. Möhren, Zuckerschoten, Brokkoliröschen und frische Maiskölbchen hineingeben und unter Rühren 2–3 Min. braten. Das restliche Gemüse (auch die Maiskölbchen aus der Dose) dazugeben und weitere 2–3 Min. braten.

4 Sojasauce mit Kecap manis und Brühe verrühren und angießen. Das Gemüse zugedeckt noch ca. 1 Min. ziehen lassen, dann mit Salz abschmecken und mit den Cashewkernen bestreuen. Gemüse in eine Lunchbox geben und vor dem Servieren aufwärmen.

VARIANTE – GEMÜSE IN KOKOS-CHILI-SAUCE

800 g gemischtes Gemüse (Brokkoli, Möhren, Lauch, Pilze und Mangold) waschen, putzen und in dickere Streifen oder in kleine Stücke schneiden. Das härtere Gemüse in 4 EL Öl ca. 2 Min. anbraten, das übrige Gemüse mit 100 g halbierten Maiskölbchen und 100 g Bambussprossen dazugeben und kurz anbraten. 1 EL rote Currypaste untermischen und kurz mitbraten. 400 ml Kokosmilch dazugießen, mit 4 EL Fischsauce, 4 EL Limettensaft und 2 TL Zucker abschmecken und bei schwacher Hitze noch 3–4 Min. garen, bis das Gemüse bissfest ist. Mit Reis servieren.

TIPP

Gleich eine größere Menge Cashewkerne braten und mit Chili würzen. Abgekühlt als Knabberei zum Bier oder Wein genießen.

KLASSISCH GUT

Pasta alla genovese

300 g festkochende Kartoffeln
300 g grüne Stangenbohnen
Salz
500 g frische Trofie (kleine, gedrehte Nudeln aus Genua, aus dem Kühlregal, oder andere Pasta)
100 g grünes Pesto
4 EL frisch gehobelter Pecorino
1 Handvoll Basilikumblättchen

Für 4 Personen
Zubereitung: 25 Min.
Pro Portion ca. 355 kcal, 15 g E, 14 g F, 48 g KH

1 Die Kartoffeln schälen, waschen und ca. 1 cm groß würfeln. Die Bohnen putzen, waschen und schräg in ca. 2 cm große Stücke schneiden. Wasser in einem Topf aufkochen und salzen. Kartoffeln und Bohnen zugeben und zugedeckt bei mittlerer Hitze in 6–8 Min. garen. Dann in ein Sieb abgießen, kalt abspülen und abtropfen lassen.

2 Die Nudeln in kochendem Salzwasser nach Packungsangabe garen. Dann abgießen und abtropfen lassen, dabei 50 ml Kochwasser auffangen.

3 Das Kochwasser mit Pesto verrühren, die Mischung bei kleiner Hitze erwärmen. Nudeln, Kartoffeln und Bohnen untermischen. Pasta mit Salz würzen und in eine Lunchbox geben. Mit Pecorino und Basilikum bestreuen. Pasta vor dem Servieren aufwärmen und genießen.

Pasta mit Mandelpesto

3 Knoblauchzehen
500 g Tomaten
100 g gemahlene Mandeln
je 4 EL grob gehackte Basilikum- und Petersilienblättchen
1–2 kleine, getrocknete Chilischoten
200 ml Olivenöl
Salz
Cayennepfeffer
1 Aubergine (ca. 300 g)
500 g Spaghettini
4 EL frisch gehobelter Pecorino

Für 4 Personen
Zubereitung: 30 Min.
Pro Portion ca. 1125 kcal, 25 g E, 71 g F, 95 g KH

1 Knoblauch schälen und grob hacken. Tomaten mit einem Sparschäler dünn schälen, die Stielansätze entfernen. Die Tomaten vierteln und grob würfeln. Beides mit Mandeln, Basilikum, Petersilie, Chilis und 100 ml Öl fein pürieren. Mit Salz und Cayennepfeffer würzen.

2 Die Aubergine waschen, putzen, vierteln. Von den Vierteln längs einen ca. 1 cm breiten Streifen schwammiges Fruchtfleisch wegschneiden. Die Viertel klein würfeln. Übriges Öl in einer Pfanne erhitzen, die Aubergine darin unter Rühren bei mittlerer Hitze in 6–8 Min. knusprig braten, dann herausnehmen und auf Küchenpapier abtropfen lassen.

3 Spaghettini in kochendem Salzwasser nach Packungsangabe garen. Dann abgießen und abtropfen lassen, dabei 50 ml Kochwasser auffangen. Mit Pesto verrühren, die Mischung bei kleiner Hitze in 1–2 Min. erwärmen. Spaghettini untermischen, mit Auberginen und Käse in eine Lunchbox geben. Pasta vor dem Servieren aufwärmen.

oben: Pasta alla genovese | unten: Pasta mit Mandelpesto

MILD-
WÜRZIG

Gebratene Nudeln mit Huhn und Bambus

300 g Mie-Nudeln (chinesische Eiernudeln)
Salz
200 g Bambussprossen (aus der Dose oder dem Glas)
1 Stück frischer Ingwer (ca. 2 cm)
8 Kirschtomaten
400 g Hähnchenbrustfilets
6 EL Öl
100 g TK-Erbsen
2 ½ EL Kecap manis (süße Sojasauce)
4 EL Sojasauce
1 Bund Schnittlauch

Für 4 Personen
Zubereitung: 20 Min.
Pro Portion ca. 585 kcal, 34 g E, 23 g F, 60 g KH

1 Für die Nudeln in einem großen Topf Wasser zum Kochen bringen, salzen. Nudeln darin nach Packungsangabe bissfest kochen. In ein Sieb abgießen und gut abtropfen lassen.

2 Bambussprossen abtropfen lassen. Falls die Streifen sehr breit sind, längs halbieren oder vierteln. Ingwer schälen und fein hacken. Tomaten waschen und vierteln, dabei den Stielansatz entfernen. Hähnchen in dünne Streifen schneiden.

3 In einer großen Pfanne 4 EL Öl erhitzen. Nudeln darin verteilen und ca. 2 Min. braten, ohne umzurühren. Umdrehen und kurz weiterbraten, dann auf einen Teller geben und zugedeckt warm halten.

4 Das übrige Öl in der Pfanne erhitzen. Hühnerfleisch mit Ingwer, Bambus und Erbsen hineingeben und unter Rühren ca. 2 Min. braten, bis das Fleisch gleichmäßig weiß ist.

5 Die beiden Sojasaucen verrühren, mit Tomaten in die Pfanne geben und untermischen. Nudeln unterrühren und mit Salz abschmecken. Schnittlauch waschen, trocken schütteln, in ca. 2 cm lange Stücke schneiden und über die Nudeln streuen.

PASTA ASIATISCH

Reisnudeln mit scharfem Brokkoli

400 g Brokkoliröschen | Salz | 250 g breite Reisnudeln | 400 g Schweine- oder Rinderlende | 4 EL Fischsauce | 2 Zwiebeln | 2 rote Chilischoten | 4 EL Öl | 2 EL Reisessig | 1 EL Zucker

Für 4 Personen
Zubereitung: 20 Min.
Pro Portion ca. 480 kcal, 30 g E, 12 g F, 62 g KH

1 Brokkoli in kochendem Salzwasser ca. 1 Min. vorgaren. Herausheben, abschrecken. Reisnudeln im Kochwasser ca. 4 Min. garen, abgießen und abschrecken.

2 Fleisch in Streifen schneiden, mit 1 EL Fischsauce mischen. Zwiebeln schälen, halbieren und in breite Streifen schneiden. Chilis waschen, putzen, in feine Ringe schneiden. Zwiebeln mit Fleisch und Chilis im Öl 1–2 Min. braten. Brokkoli ca. 2 Min. mitbraten. Essig mit übriger Fischsauce und Zucker verrühren, mit den Nudeln vermischen und erhitzen.

Eiernudeln mit Koriander-Garnelen

300 g Mie-Nudeln (chin. Eiernudeln) | Salz | 1 Bund Koriandergrün | 1 Stück Ingwer (ca. 3 cm) | 2 Knoblauchzehen | ½ Bio-Limette | (Sichuan-) Pfeffer | 400 g geschälte rohe Garnelen | 2 EL Öl

Für 4 Personen
Zubereitung: 20 Min.
Pro Portion ca. 400 kcal, 27 g E, 8 g F, 55 g KH

1 Für die Nudeln in einem Topf Wasser zum Kochen bringen, salzen. Nudeln darin nach Packungsangabe garen, abgießen. Koriander waschen, fein hacken. Ingwer und Knoblauch schälen und fein hacken. Limette waschen und Schale fein abreiben. Alles mischen, salzen und pfeffern.

2 Die Garnelen vom Darm befreien, waschen und längs halbieren. Im Öl bei mittlerer Hitze pro Seite ca. 1 Min. braten. Koriandermischung unterrühren und kurz weitererhitzen. Nudeln mit Garnelen mischen.

PREISWERT & SCHNELL

Gebratener Reis mit Pilzen, Gurke und Ei

Ein Rezept – viele Möglichkeiten: Fast alles lässt sich mit Reis braten – vom Hühnerbrustfilet über Pak choi bis zu Garnelen.

400 g Pilze (z. B. Egerlinge, Champignons, frische Shiitake-Pilze)
1 Stück Gurke (ca. 350 g)
4 Knoblauchzehen
1 Stück Ingwer (ca. 2 cm)
½ Bund Koriandergrün
800 g gegarter Reis vom Vortag (ca. 270 g, ungegart)
4 Eier
4 EL Sojasauce
Salz
Sesamöl zum Beträufeln (nach Belieben)

Für 4 Personen
Zubereitung: 20 Min.
Pro Portion ca. 365 kcal, 15 g E, 8 g F, 57 g KH

1 Die Pilze mit Küchenpapier abreiben, die Stielenden abschneiden (bei Shiitake-Pilzen die Stiele ganz entfernen), Pilze in Scheiben schneiden. Die Gurke schälen, längs halbieren und die Kerne mit einem Teelöffel aus den Hälften kratzen. Die Gurke in ca. ½ cm dicke Scheiben schneiden.

2 Knoblauch und Ingwer schälen und fein hacken. Den Koriander waschen und trocken schütteln, die Blättchen abzupfen und fein hacken. Die Frühlingszwiebeln waschen und putzen, mit dem knackigen Grün in feine Ringe schneiden.

3 4 EL Öl in einer großen Pfanne (oder in zwei Portionen im Wok) erhitzen. Reis einrühren und erst einmal ohne zu rühren 1–2 Min. braten, dann durchrühren und noch 1–2 Min. weiterbraten, bis er knusprig ist. Aus der Pfanne nehmen.

4 Restliches Öl in der Pfanne oder im Wok erhitzen, Pilze und Gurken darin unter Rühren ca. 2 Min. braten. Die Eier mit der Hälfte des Korianders und der Sojasauce verquirlen. Das Gemüse an den Rand schieben, die Eier in die Pfanne gießen und unter Rühren ca. 30 Sek. garen. Reis wieder zugeben, alles gut mischen und mit Salz abschmecken. Den Reis in eine Lunchbox geben und mit den Zwiebelringen und dem restlichen Koriander bestreuen. Vor dem Essen Reis erwärmen und nach Belieben mit etwas Sesamöl beträufeln.

TIPP

Am Vortag ein Gericht mit Gemüse, Fleisch oder Fisch zubereiten, zu dem Reis am besten schmeckt, und gleich die doppelte Menge Reis kochen. Den übrigen Reis offen im Kühlschrank aufbewahren, so wird er bis zum nächsten Tag schön trocken.

UND DAZU?

Zum knusprigen Reis passt etwas Frisches am besten. Zum Beispiel ein Gurkensalat, mit Chili geschärft und mit Reisessig und neutralem Öl gemischt oder mit Kokosmilch, Limettensaft und Koriander angemacht.

DER FRIKADELLEN-KLASSIKER

Buletten »Berliner Art«

Frikadellen sind wunderbar vielseitig. Experimentieren Sie mit den unterschiedlichsten Gewürzen und Kräutern. Langeweile ausgeschlossen!

1 kleine Zwiebel
350 g gemischtes Hackfleisch
1 Eigelb
1 TL mittelscharfer Senf
1 TL Tomatenmark
1 Msp. gemahlener Kümmel
½ TL edelsüßes Paprikapulver
½ TL getrockneter Majoran
½ TL Salz
1 EL Öl

Für 2 Personen
Zubereitung: 30 Min.
Pro Portion ca. 540 kcal, 37 g E, 43 g F, 1 g KH

1 Zwiebel schälen und fein würfeln. Hackfleisch, Zwiebel, Eigelb, Senf, Tomatenmark und Gewürze zu einem glatten Teig verkneten.

2 Mit angefeuchteten Händen 4 Frikadellen formen. Öl in einer Pfanne erhitzen und die Frikadellen darin bei mittlerer Hitze 12–15 Min. braten, dabei wenden. Dazu schmeckt Krautsalat.

VARIANTE – VEGGIE-FRIKADELLEN

Diese Variante kommt komplett ohne Hackfleisch aus und wird auch Fleischliebhaber überzeugen. Für eine Portion für 2 Personen mischen Sie zuerst 125 g Haferflocken, 125 g Kräuterfrischkäse, 2 kleine Eier und 70 g geriebenen Gouda zu einer homogenen Masse zusammen. Anschließend eine kleine Zwiebel schälen und in feine Würfel schneiden. Zwiebelwürfel zur Masse geben und diese ca. 30 Min. im Kühlschrank quellen lassen. Danach Masse mit Salz, Pfeffer und 2 EL gehackter, glatter Petersilie abschmecken. 2 EL Öl in einer Pfanne erhitzen und aus der Masse Frikadellen formen. Frikadellen ca. 5 Min. je Seite im Öl anbraten und mit Kartoffelsalat servieren.

VARIANTE – LEICHTE PUTEN-FRIKADELLEN

Wer etwas auf seine Linie achten möchte, liegt bei diesen Puten-Frikadellen genau richtig! Für eine Portion für 4 Personen schneiden Sie zuerst ein altbackenes Brötchen in feine Würfel. Diese mit Salz und Pfeffer würzen und mit etwas heißem Wasser bedecken, bis sich die Brötchenwürfel mit Wasser vollgesaugt haben. 1 Zucchino waschen, fein raspeln und zu den Brotwürfeln geben. 500 g Putenhackfleisch sowie 1 TL mittelscharfen Senf zugeben und alles sorgfältig miteinander vermengen. Falls die Hackfleischmasse zu feucht ist, können Sie diese mit etwas Semmelbrösel binden. In einer Pfanne 2 EL Öl erhitzen. Die Masse zu Frikadellen formen und im Öl von beiden Seiten anbraten. Frikadellen auf einem Küchentuch abtropfen lassen und servieren. Dazu passt ein frischer grüner Salat.

TIPP

Frikadellen lassen sich prima in größeren Mengen vorbereiten und dann einfrieren. Hierfür die fertigen Frikadellen auskühlen lassen und dann im Gefrierbeutel ins Tiefkühlfach geben. Aufwärmen lassen sich die tiefgekühlten Fleischleibchen dann je nach Wunsch in Mikrowelle, Pfanne oder Backofen.

DREIERLEI KNUSPEREI

Kalbsschnitzelchen mit drei Panaden

Dieses Rezept lässt sich beliebig vervielfachen, sodass Sie auch die entsprechende Menge für ein Partybüfett vorbereiten können.

2 dünne Kalbsschnitzel (à ca. 150 g)
Salz
Pfeffer
2 EL Mehl
1 Ei (L)
3 EL Öl

Für die Käse-Nuss-Panade
2 EL gemahlene Haselnusskerne
1 TL frisch geriebener Parmesan
1 TL getrocknete Kräuter der Provence

Für die Tomaten-Knusper-Panade
2 getrocknete, in Öl eingelegte Tomaten
2 EL Cornflakes
1 EL Semmelbrösel

Für die Schwarzkümmelpanade
4 schwarze Oliven (ohne Stein)
1 TL Schwarzkümmelsamen (aus dem türkischen Supermarkt)
2 EL Semmelbrösel

Für 2 Personen
Zubereitung: 30 Min.
Pro Portion ca. 750 kcal, 45 g E, 43 g F, 47 g KH

1 Die Schnitzel jeweils quer dritteln, salzen und pfeffern. Mehl auf einen flachen Teller geben, die Schnitzelchen darin wenden. Ei in einen tiefen Teller geben, mit einer Gabel verquirlen, salzen, pfeffern.

2 Für die Käse-Nuss-Panade Haselnusskerne, Parmesan und Kräuter auf einem flachen Teller mischen. Zwei der mehlierten Schnitzelchen zuerst durchs Ei ziehen und dann in der Käse-Nuss-Mischung wenden. Die Panade andrücken.

3 Für die Tomaten-Knusper-Panade die Tomaten kurz abtropfen lassen, dann sehr fein würfeln. Die Cornflakes in einen Gefrierbeutel geben und mit den Fingern zu nicht zu feinen Bröseln zerdrücken. Beides mit den Semmelbröseln auf einem flachen Teller mischen. Weitere zwei mehlierte Schnitzelchen durchs Ei ziehen und in der Tomaten-Brösel-Mischung wenden. Die Panade andrücken.

4 Für die Schwarzkümmelpanade die Oliven sehr fein würfeln und auf einem flachen Teller mit dem Schwarzkümmel und den Semmelbröseln mischen. Restliche mehlierte Schnitzelchen durchs Ei ziehen und in der Kümmel-Brösel-Mischung wenden. Die Panade andrücken.

5 Das Öl in einer großen (antihaftbeschichteten) Pfanne erhitzen und die Schnitzelchen darin bei mittlerer Hitze von beiden Seiten je 1–2 Min. braten.

UND DAZU?

Zu den panierten Schnitzelchen passt ein gemischter Blattsalat oder ein Kartoffelsalat sehr gut. Aber auch Ratatouille, Nudeln mit Tomatensauce oder Ofengemüse mit Brotkrümeln sind gern gesehene Begleiter.

AUFWÄRM-TIPP

Den Backofen auf 150° (Umluft 130°) vorheizen, die Schnitzelchen auf einen feuerfesten Teller legen und im Ofen (Mitte) in ca. 10 Min. heiß werden lassen. In der Mikrowelle am besten den Grill dazuschalten und jede Portion bei höchster Wattzahl in 1–2 Min. erwärmen.

FRISCH-WÜRZIG

Schweinefleisch mit Spargel und Zitronengras

Fleisch mit würzigen Zutaten und knackigem Gemüse – zusammen im Wok gegart, ist es der Turbo-Hit aus der Asiaküche.

2 Stängel Zitronengras
4 Knoblauchzehen
2 EL Fischsauce
2 EL Limettensaft
½ TL Sambal oelek
Salz
600 g Schweinelende oder -filet
400 g grüner Spargel
100 g Kirschtomaten
2 EL Öl
2 EL Kecap manis (süße Sojasauce)

Für 4 Personen
Zubereitung: 20 Min.
Pro Portion ca. 240 kcal, 35 g E, 8 g F, 6 g KH

1 Das Zitronengras waschen, putzen, längs vierteln und fein schneiden. Die Knoblauchzehen schälen und grob hacken. Zitronengras und Knoblauch im Mörser fein zerstoßen, mit Fischsauce, Limettensaft, Sambal oelek und Salz verrühren.

2 Fleisch in feine Streifen schneiden und mit der Paste mischen. Spargel waschen und die Enden großzügig abschneiden. Spargel leicht schräg in ca. 2 cm lange Stücke schneiden. Die Kirschtomaten waschen und halbieren.

3 Das Öl im Wok oder in einer Pfanne erhitzen. Den Spargel darin unter Rühren ca. 2 Min. braten. Das Fleisch dazugeben und alles weitere 2 Min. braten. Kecap manis mit 100 ml Wasser dazugeben, Tomaten unterrühren und erwärmen. Salzen und in eine Lunchbox geben. Vor dem Servieren erwärmen und genießen.

UND DAZU?

Dazu kann man Reis oder Reisnudeln servieren, die mit einem Schuß Sojasauce gewürzt werden.

TIPP

Auch klein geschnitten bleibt das Zitronengras etwas hart, deshalb immer wirklich fein schneiden. Oder die Stange in größere Stücke schneiden und mit einem Stößel oder einem anderen schwereren Gegenstand platt klopfen. Die Stücke dann nach dem Garen herausfischen.

TIPP

Fleisch in Streifen schneiden wie ein Profi: erst quer zur Faser in dünne Scheiben und diese dann in Streifen schneiden.

ABENDESSEN ZU HAUSE

Nach einem langen Arbeitstag
gibt es nichts Besseres,
als mit einem köstlichen
selbst gemachten Abendessen
in den Feierabend zu starten.

Minestrone mit Parmesan-Crostini

Diese reichhaltige Gemüsesuppe ist schnell gemacht und perfekt für den entspannten Feierabend. Die Crostini sorgen für einen leckeren Crunch.

Für die Minestrone:
1 Zwiebel
3 Stangen Staudensellerie
3 kleine Möhren
2 kleine Zucchini
3 EL Olivenöl
1 EL Tomatenmark
800 ml Instant-Gemüsebrühe
1 kleine Dose weiße Bohnen (240 g Abtropfgewicht)
1 Knoblauchzehe
Salz
Pfeffer
Für die Crostini:
1 Zweig Rosmarin
50 g weiche Butter
2 EL frisch geriebener Parmesan
Pfeffer
1 Knoblauchzehe (nach Belieben)
150 g Baguette (ergibt 12 Scheiben)

Für 4 Personen
Zubereitung: 30 Min.
Pro Portion ca. 375 kcal, 11 g E, 21 g F, 33 g KH

1 Für die Minestrone die Zwiebel schälen und grob hacken. Den Sellerie waschen, eventuell entfädeln und in Scheiben schneiden. Möhren schälen und in Scheiben schneiden. Die Zucchini waschen, putzen, längs halbieren und in Halbmonde schneiden. Das Öl in einem Topf erhitzen, Zwiebel und Tomatenmark darin ca. 1 Min. glasig anschwitzen. Mit Brühe ablöschen, Möhren und Sellerie dazugeben. Die Suppe aufkochen und ca. 10 Min. halb zugedeckt bei schwacher Hitze köcheln lassen.

2 Inzwischen für die Crostini den Backofen auf 200° (Umluft 180°) vorheizen. Den Rosmarin waschen und trocken schütteln, die Nadeln fein hacken. Diese mit Butter und Parmesan verrühren und die Creme mit Pfeffer würzen. Nach Belieben den Knoblauch schälen, dazupressen und unterrühren. Das Baguette in 12 Scheiben schneiden und mit der Parmesancreme bestreichen. Crostini nebeneinander auf ein Backblech legen und in 5–6 Min. im heißen Backofen (oben) goldbraun backen.

3 Die Bohnen in ein Sieb abgießen, kalt abbrausen und mit den Zucchini zur Suppe geben. Den Knoblauch schälen und dazupressen. Die Suppe weitere 5 Min. kochen lassen, dann mit Salz und Pfeffer abschmecken. Minestrone in vier tiefe Teller verteilen und die Parmesan-Crostini dazu reichen.

VARIANTE

Für eine orientalische Gemüsesuppe (4 Personen) 3 Möhren und 3 Zucchini wie beschrieben vorbereiten. 800 ml Instant-Gemüsebrühe aufkochen lassen, mit je ½ TL Harissa (Chilipaste), gemahlenem Kreuzkümmel und gemahlener Kurkuma würzen und das Gemüse darin ca. 10 Min. halb zugedeckt köcheln lassen. 1 kleine Dose Kichererbsen (240 g Abtropfgewicht) und 1 durchgepresste Knoblauchzehe dazugeben und ca. 5 Min. mitkochen lassen. Dazu schmeckt knusprig aufgebackenes Fladenbrot.

RAFFINIERT VERFEINERT

Rote-Linsen-Suppe mit Kreuzkümmeljoghurt

1 Zwiebel
2 Knoblauchzehen
1 Möhre
2 Frühlingszwiebeln
3 EL Olivenöl
200 g rote Linsen
800 ml Instant-Gemüsebrühe
½–1 TL Harissa (Chilipaste)
2 TL Kreuzkümmelsamen
200 g Joghurt (3,5 % Fett)
Salz
1–2 EL Zitronensaft

Für 4 Personen
Zubereitung: 25 Min.
Pro Portion ca. 305 kcal, 16 g E, 11 g F, 34 g KH

1 Die Zwiebel und den Knoblauch schälen und fein hacken. Die Möhre schälen und in dünne Scheiben schneiden. Die Frühlingszwiebeln putzen, waschen und die weißen und grünen Teile getrennt fein schneiden.

2 In einem Suppentopf 2 EL Öl erhitzen. Zwiebel und Knoblauch darin ca. 1 Min. anschwitzen. Linsen, Möhre und weiße Frühlingszwiebelteile dazugeben und ca. 1 Min. unter Rühren anbraten. Mit der Brühe ablöschen, Harissa unterrühren und die Suppe zugedeckt ca. 12 Min. bei mittlerer Hitze kochen lassen.

3 Inzwischen die Kreuzkümmelsamen in einem Pfännchen bei schwacher Hitze ohne Fett rösten, etwas abkühlen lassen. Mit dem restlichen Olivenöl unter den Joghurt rühren.

4 Das Frühlingszwiebelgrün unter die Suppe rühren, diese mit Salz und Zitronensaft abschmecken, in vier Suppenschalen verteilen und mit dem Kreuzkümmeljoghurt garnieren.

ASIATISCH INSPIRIERT

Kokos-Tomaten-Suppe mit Hähnchenstreifen

200 g Hähnchenbrustfilet
Cayennepfeffer
1 Knoblauchzehe
1 TL flüssiger Honig
1 Dose Kokosmilch (400 ml)
1 Dose stückige Tomaten (400 g)
½–1 EL rote Currypaste
1 EL neutrales Pflanzenöl
Salz
2–3 TL Limettensaft
Zucker
Koriandergrün (nach Belieben)

Für 4 Personen
Zubereitung: 25 Min.
Pro Portion ca. 325 kcal, 16 g E, 25 g F, 7 g KH

1 Das Hähnchenbrustfilet kalt abwaschen, abtrocknen und in dünne Streifen schneiden. Mit Cayennepfeffer würzen. Den Knoblauch schälen, fein hacken und mit dem Honig unter das Hähnchenfleisch mischen.

2 Kokosmilch, Tomaten und Currypaste in einem Topf verrühren, aufkochen und 4–5 Min. zugedeckt bei schwacher Hitze köcheln lassen. Das Öl in einer Pfanne erhitzen, die Hähnchenstreifen darin in 3–4 Min. bei mittlerer Hitze goldbraun braten, salzen und beiseitestellen.

3 Suppe nach Belieben glatt pürieren und mit Salz, Cayennepfeffer, Limettensaft und 1 Prise Zucker abschmecken. Hähnchenstreifen in vier Suppenschalen geben, Suppe daraufschöpfen, eventuell mit Koriandergrün garnieren.

TIPP

Die besten Currypasten finden Sie im Asienladen in der Kühltheke. Im Notfall tun's aber auch die aus dem Asienregal im Supermarkt.

MIT WENIG AUFWAND

Ofengemüse mit Dip

Knackig und bunt vom heißen Blech: Appetitlicher kann man Süßkartoffeln, Lauch und Kohlrabi nicht servieren. Dazu gibt's einen frischen Joghurtdip.

4 EL Olivenöl und etwas Olivenöl zum Bestreichen
500 g große Süßkartoffeln (ersatzweise große festkochende Kartoffeln)
1 Stange Lauch
2 junge Kohlrabi (ca. 500 g)
2 EL Sonnenblumenkerne
Salz
Pfeffer
100 g Salatmayonnaise (aus dem Glas)
150 g Joghurt
1 Knoblauchzehe
abgeriebene Schale von 1 Bio-Zitrone
½ TL Chiliflocken (ersatzweise Cayennepfeffer)
Backpapier für das Blech

Für 4 Personen
Zubereitung: 30 Min.
Pro Portion ca. 335 kcal, 7 g E, 19 g F, 33 g KH

1 Den Backofen auf 200° (Umluft 180°) vorheizen. Ein Backblech mit Backpapier auslegen, mit Olivenöl einstreichen. Die Süßkartoffeln schälen, längs vierteln und in ca. 5 mm dicke Scheiben schneiden. Den Lauch waschen, putzen und das Weiße und Hellgrüne schräg in 1 cm dicke Ringe schneiden. Den Kohlrabi putzen, schälen, halbieren und in Scheiben schneiden. Das Gemüse mit den Sonnenblumenkernen mischen, mit Salz und Pfeffer kräftig würzen.

2 Das Gemüse auf dem Blech verteilen. Mit dem Olivenöl beträufeln. Im Ofen (Mitte) ca. 20 Min. backen, bis es gebräunt ist.

3 Inzwischen für den Dip die Mayonnaise mit dem Joghurt verrühren. Die Knoblauchzehe schälen und dazupressen. Mit Salz, Pfeffer, Zitronenschale und Chiliflocken würzen. Den Dip extra zum Ofengemüse reichen. Dazu knuspriges Sesam-Fladenbrot, Baguette oder Ciabatta servieren.

TIPP

Übrig gebliebenes Gemüse kann man mit Aceto balsamico und Olivenöl marinieren und kalt essen.

VARIANTEN

Die Vorteile dieses Gerichts liegen auf der Hand: schnell gemacht, gesund und vor allem extrem variantenreich! So können Sie ganz nach individuellen Vorlieben die verschiedensten Gemüsesorten in den Ofen packen und anschließend genießen. Eine mediterrane Variante wäre z.B. mit Auberginen, Zucchini und Cocktailtomaten. Und auch Kürbis, Champignons und Möhren lassen sich prima im Ofen zubereiten.

VEGETARISCH AUS DEM OFEN

Auberginenschnitzel mit Paprika

Fleischlose Schnitzel? Mit Auberginen kein Problem und noch dazu superlecker! Überbacken mit Mozzarella ein echtes Highlight!

1 große dicke Aubergine (400–500 g)
4 EL Olivenöl
1 große Zwiebel
je 1 rote und grüne Paprikaschote
½ Dose stückige Tomaten (200 g)
Salz
Pfeffer
2 TL getrockneter Oregano
1 Kugel Büffel-Mozzarella (125 g)

Für 4 Personen
Zubereitung: 30 Min.
Pro Portion ca. 250 kcal, 10 g E, 20 g F, 7 g KH

1 Den Backofen auf 225° (Umluft 200°) vorheizen. Die Aubergine waschen, putzen und längs in 4 dicke Scheiben schneiden. Auf ein Backblech oder in eine breite Auflaufform legen und dünn mit Olivenöl einpinseln. Die Scheiben im heißen Ofen (Mitte) 10–12 Min. garen, dabei einmal wenden.

2 Inzwischen die Zwiebel schälen und fein würfeln. Die Paprikaschoten halbieren, Trennwände und Kerne entfernen, die Hälften waschen und ebenfalls fein würfeln.

3 Das restliche Olivenöl in einer breiten Pfanne erhitzen und die Zwiebelwürfel darin anbraten. Die Paprikawürfel dazugeben und mit anbraten, dann die Dosentomaten unterrühren. Mit Salz, Pfeffer und Oregano würzen und offen bei starker Hitze unter häufigem Rühren gut 5 Min. kochen, dabei leicht einkochen lassen.

4 Die Auberginen aus dem Ofen nehmen und mit Salz und Pfeffer würzen. Den Backofen auf die höchste Stufe schalten. Das Paprikagemüse abschmecken und auf den Auberginenscheiben verteilen. Den Mozzarella abtropfen lassen, in Scheiben schneiden und darauflegen. Im Ofen (oben) 3–4 Min. überbacken, bis der Käse geschmolzen ist.

TIPP

Nach 20 Min. steht alles auf dem Tisch, wenn der Ofen kalt bleibt. Man kann die Auberginen nämlich auch in einer breiten Pfanne garen, das geht schneller, man braucht aber deutlich mehr Öl: Auberginen saugen Fett auf wie ein Schwamm. Das Gericht wird bei dieser Methode also üppiger. Auch das Überbacken können Sie in der Pfanne erledigen – einfach einen passenden Deckel auflegen.

SO EINFACH & SOOO LECKER

Spaghetti aglio e olio

Salz
200 g Spaghetti
2–3 Knoblauchzehen
2–3 Stängel Petersilie
6 EL Olivenöl
1–2 kleine getrocknete Chilischoten

Für 2 Personen
Zubereitung: 20 Min.
Pro Portion ca. 630 kcal, 11 g E, 32 g F, 74 g KH

1 In einem Topf 2 l Wasser aufkochen lassen, 2 TL Salz und die Spaghetti hineingeben, einmal umrühren und die Nudeln nach Packungsangabe in ca. 8 Min. bissfest kochen.

2 Inzwischen den Knoblauch schälen und halbieren, ggf. die grünen Triebe entfernen. Knoblauch in dünne Scheiben schneiden. Die Petersilie waschen und trocken schütteln, die Blätter abzupfen und hacken.

3 Das Öl in einer Pfanne erhitzen. Den Knoblauch hineingeben und leicht braten, bis er goldgelb ist. Er darf nicht dunkelbraun werden, weil er dann bitter schmeckt! Chili mit den Fingern dazubröseln (danach Hände waschen!). Die Petersilie in die Pfanne geben, 1 Prise Salz hinzufügen und mitbraten.

4 Die Nudeln in ein Sieb abgießen und ca. ½ Min. abtropfen lassen. Dann in die Pfanne geben und alles durchschwenken. Nudeln in zwei tiefe Teller verteilen und sofort servieren.

TIPP

Die kleinen scharfen Chilischoten finden Sie im italienischen Feinkostladen oder im Gewürzregal großer Supermärkte auch unter dem Namen Peperoncini. In einem Schraubglas verschlossen halten sie praktisch ewig.

FRISCH & LEICHT

Tomate-Rucola-Nudeln

6 Tomaten | 2 Knoblauchzehen | 2 Bund Rucola | 500 g schmale Bandnudeln (aus dem Kühlregal) | Salz | 4 EL Olivenöl | Pfeffer | 2 EL Aceto balsamico

Für 4 Personen
Zubereitung: 25 Min.
Pro Portion ca. 275 kcal, 8 g E, 13 g F, 38 g KH

1 Tomaten waschen, vom Stielansatz befreien, halbieren, entkernen und das Fruchtfleisch klein würfeln. Knoblauch schälen und in dünne Scheiben schneiden. Rucola waschen, grob zerzupfen.

2 Inzwischen die Nudeln nach Packungsangabe in reichlich Salzwasser bissfest garen, dann abgießen und gut abtropfen lassen. Das Öl in einer großen Pfanne erhitzen. Die Tomaten darin mit dem Knoblauch ca. 2 Min. anbraten, kräftig salzen und pfeffern. Die Nudeln mit dem Rucola unter die Tomaten mischen. Mit Aceto balsamico würzen und mit Pfeffer übermahlen.

Zitronen-Ravioli

750 g Vollkorn-Ravioli mit Spinat-Ricotta-Füllung (Fertigprodukt aus dem Kühlregal; ersatzweise Tortellini) | Salz | 1 Bio-Zitrone | 2 EL Pinienkerne | 4 EL Butter | Pfeffer | 3–4 Stiele Basilikum | 50 g frisch geriebener Parmesan

Für 4 Personen
Zubereitung: 20 Min.
Pro Portion ca. 570 kcal, 22 g E, 31 g F, 49 g KH

1 Die Ravioli nach Packungsangabe in reichlich Salzwasser garen, abgießen und abtropfen lassen.

2 Die Zitrone heiß waschen und abtrocknen. Die Schale dünn abschälen und in feine Streifen schneiden. Den Saft auspressen.

3 Die Pinienkerne in einer Pfanne ohne Fett goldbraun rösten, herausnehmen. Dann die Butter in der Pfanne zerlassen, Zitronenschale und -saft hinzufügen. Die Ravioli in der Butter schwenken, salzen und pfeffern. Mit Basilikumblättern, Pinienkernen und Parmesan bestreut servieren.

RAFFINIERT BELEGT

Pizza mit Ziegenfrischkäse und Honig

Das Grundrezept für Pizzateig können Sie ganz nach Lust und Laune belegen. Probieren Sie mal diese außergewöhnliche Variation!

200 g Weizenmehl (Typ 1050)
½ Pck. Trockenhefe
Salz
2 EL Olivenöl und etwas Öl für das Blech
2 Tomaten (ca. 200 g)
1 rote Zwiebel
Pfeffer
1 TL getrockneter Oregano
200 g Ziegenfrischkäserolle
1 EL flüssiger Honig oder Ahornsirup
rosa Pfeffer zum Bestreuen

Für 2 Personen
Zubereitung: 25 Min. | Gehen: 50 Min. | Backen: 20 Min.
Pro Portion ca. 840 kcal, 27 g E, 46 g F, 79 g KH

1 Mehl, Hefe, 100 ml lauwarmes Wasser, ½ TL Salz und Öl mit den Knethaken des Handrührgerätes zu einem glatten Teig verkneten. Zugedeckt an einem warmen Ort ca. 50 Min. gehen lassen.

2 Backofen auf 220 ° (Umluft 190°) vorheizen. Tomaten waschen und in dünne Scheiben schneiden, dabei den Stielansatz entfernen. Zwiebel schälen und in feine Ringe schneiden.

3 Teig noch mal kurz durchkneten und auf dem gefetteten Backblech dünn zu einem Fladen (30–35 cm groß) ausrollen. Tomatenscheiben und Zwiebel auf dem Teig verteilen. Mit Salz, Pfeffer und Oregano würzen. Ziegenfrischkäse gleichmäßig über der Pizza zerbröckeln. Mit Honig oder Ahornsirup beträufeln.

4 Pizza im heißen Ofen ca. 20 Min. (Mitte) backen. Fertige Pizza mit rosa Pfeffer bestreuen und servieren.

GUT ZU WISSEN

Pizza gehört zu den beliebtesten kulinarischen Exporten aus Italien. Das Belegen von Fladenbroten vor dem Backen war schon im Altertum bekannt und beliebt. Die Pizza, wie wir sie heute kennen, gibt es jedoch erst seit Ende des 19. Jahrhunderts. Eine schöne Geschichte zum Ursprung der Pizza Margherita, die jedoch von Historikern mittlerweile widerlegt wurde, ist folgende: 1889 beauftragte der italienische König Umberto I. den Pizzabäcker Raffaele Esposito, ihm und seiner Frau Margherita eine Pizza zu backen. Esposito belegte die Pizza daraufhin als echter Patriot mit den Farben der italienischen Flagge: rote Tomaten, weißer Mozzarella und grüner Basilikum.

FÜR LAMM-FANS

Gebratener Paprikareis mit Lamm-Nuggets

Besonders fein und schnell gezaubert, macht diese Reispfanne mit zartem Lamm den Feierabend zum Höhepunkt des Tages.

250 g 10-Minuten-Reis
Salz
300 g Lammrückenfilet (Lammlachse)
3 Knoblauchzehen
5 EL Olivenöl
Pfeffer
2–3 bunte Paprikaschoten
2 Tomaten
1 Bund Petersilie

Für 4 Personen
Zubereitung: 25 Min.
Pro Portion ca. 335 kcal, 22 g E, 4 g F, 51 g KH

1 Den Reis nach Packungsanweisung in Salzwasser garen. Inzwischen das Lammfleisch von den Sehnen befreien und in 2–3 cm große Würfel schneiden. Den Knoblauch schälen, durch die Presse drücken und mit Olivenöl und Pfeffer verrühren. Die Lammwürfel in der Marinade wenden.

2 Die Paprikaschoten halbieren, Trennwände und Kerne entfernen, die Hälften waschen und in feine Streifen schneiden. Die Tomaten waschen, trocken tupfen und klein würfeln, dabei Stielansätze und Kerne entfernen. Die Petersilie waschen und trocken schütteln, die Blättchen abzupfen und grob hacken.

3 Eine breite Pfanne erhitzen. Das Fleisch mit der Marinade in die Pfanne geben und rundherum ca. ½ Min. scharf anbraten. Die Paprikaschoten hinzufügen und ebenfalls anbraten. Den Reis eventuell abtropfen lassen und in die Pfanne geben.

4 Alles 3–4 Min. zusammen braten und herzhaft abschmecken. Zum Schluss die Tomatenwürfel mit der Petersilie mischen und über die Reispfanne geben.

GUT ZU WISSEN

Lammfleisch stammt von Schafen, die nicht älter als zwölf Monate sind. Es wird zusätzlich noch zwischen Milchlämmern und Mastlämmern unterschieden. In Deutschland ist meist das Fleisch von Milchlämmern im Handel zu finden, die bei der Schlachtung nicht älter als 6 Monate sind und deren Fleisch sich durch eine besonders helle Färbung auszeichnet. Der zarteste Teil von Lämmern sind die Rückenfilets, auch als Lammkarree oder Lammlachse bekannt.

SCHMECKT NACH MEHR

Auberginen-Curry

1 große Aubergine (ca. 400 g)
Salz
1 Zwiebel
2 Knoblauchzehen
1 Stück Ingwer (ca. 3 cm)
2 Tomaten
2 EL Butterschmalz
1 EL Currypulver
200 g Joghurt (3,5 % Fett)
½ Bund Petersilie

Für 2 Personen
Zubereitung: 25 Min.
Pro Portion ca. 260 kcal, 7 g E, 19 g F, 14 g KH

1 Die Aubergine waschen, in ca. 2 cm große Würfel schneiden, mit Salz bestreuen und ca. 10 Min. Wasser ziehen lassen.

2 Inzwischen die Zwiebel, den Knoblauch und den Ingwer schälen und fein hacken. Die Tomaten waschen und ohne Stielansätze klein schneiden. Die Auberginenwürfel ausdrücken und mit Küchenpapier trocken tupfen.

3 Das Butterschmalz in einer Pfanne (oder einem Wok) erhitzen. Zwiebel, Knoblauch, Ingwer und Currypulver darin ca. 1 Min. bei mittlerer Hitze anbraten. Aubergine dazugeben und 2–3 Min. unter Rühren braten. 2 EL vom Joghurt für die Garnitur zurückbehalten, den Rest mit den Tomaten unter das Curry mischen und dieses zugedeckt ca. 10 Min. schmoren lassen, gelegentlich umrühren.

4 Die Petersilie waschen und trocken schütteln, die Blätter fein schneiden. Das Curry mit Salz abschmecken, die Petersilie unterziehen, dann auf zwei Teller verteilen, mit dem übrigen Joghurt garnieren und mit Fladenbrot servieren.

ORIEN-
TALISCH
GEWÜRZT

Gemüse-Couscous mit Minzjoghurt

2–3 Möhren
2 Zucchini
1 Bund Frühlingszwiebeln
1 kleine Dose Kichererbsen (240 g Abtropfgewicht)
3 EL Olivenöl
½ l Instant-Gemüsebrühe
je 1 TL gemahlener Kreuzkümmel und Koriander
½–1 TL Harissa (Chilipaste)
250 g Instant-Couscous
200 g Joghurt (3,5 % Fett)
Salz
4–5 Stängel frische Minze

Für 4 Personen
Zubereitung: 30 Min.
Pro Portion ca. 405 kcal, 15 g E, 11 g F, 61 g KH

1 Die Möhren schälen und in dünne Scheiben hobeln. Die Zucchini waschen, putzen und klein würfeln. Die Frühlingszwiebeln putzen, waschen und die weißen und grünen Teile getrennt in feine Ringe schneiden. Die Kichererbsen abgießen, kalt abbrausen und abtropfen lassen.

2 In einer großen Pfanne (oder in einem Wok) 2 EL Öl erhitzen. Zucchini, Möhren und weiße Frühlingszwiebelteile darin ca. 3 Min. unter Rühren anbraten. Die Kichererbsen dazugeben und ca. 2 Min. mitbraten. Gemüsebrühe, Kreuzkümmel, Koriander und Harissa dazugeben und aufkochen lassen. Den Couscous einrieseln lassen und unterrühren. Die Pfanne vom Herd nehmen und den Couscous nach Packungsangabe 5–7 Min. zugedeckt quellen lassen.

3 Joghurt mit übrigem Öl und 1 Prise Salz verrühren. Die Minze waschen, die Blätter fein hacken und unterrühren. Das Frühlingszwiebelgrün unter den Couscous mischen, diesen mit Salz würzen und mit dem Minzjoghurt servieren.

WIENER SPEZIALITÄT

Kartoffel-Pfifferling-Gulasch

Dieses deftige, vegetarische Gulasch bringt die Aromen des Waldes auf den Tisch und macht satt und glücklich.

800 g festkochende Kartoffeln
2 Zwiebeln
2 Knoblauchzehen
3 EL Butterschmalz
1 EL edelsüßes Paprikapulver
3 EL Tomatenmark
½ l Instant-Gemüsebrühe
Salz
Pfeffer
1 TL getrockneter Majoran
500 g Pfifferlinge (siehe Tipp)
4 EL Schmand
2 EL gehackte Petersilie (nach Belieben)

Für 4 Personen
Zubereitung: 30 Min.
Pro Portion ca. 295 kcal, 8 g E, 17 g F, 27 g KH

1 Die Kartoffeln schälen und in ca. 2 cm große Würfel schneiden. Zwiebeln und Knoblauch schälen und fein hacken.

2 In einem Schmortopf 2 EL Butterschmalz erhitzen. Zwiebeln und Knoblauch darin ca. 2 Min. bei mittlerer Hitze anbraten. Paprikapulver und Tomatenmark dazugeben und kurz mitbraten. Mit der Gemüsebrühe ablöschen und aufkochen lassen. Die Kartoffeln dazugeben, das Gulasch mit Salz, Pfeffer und Majoran würzen und zugedeckt bei mittlerer Hitze ca. 10 Min. garen.

3 Inzwischen die Pfifferlinge putzen und trocken reiben, große Exemplare halbieren oder vierteln, kleine ganz lassen. Das übrige Butterschmalz in einer Pfanne erhitzen, die Pilze darin bei starker Hitze ca. 2 Min. braten, salzen und pfeffern.

4 Die Pfifferlinge zum Kartoffelgulasch geben. Den Schmand und nach Belieben die Petersilie unterrühren und 2–3 Min. mitschmoren. Dazu schmeckt ein kühles Bier.

TIPP

Wenn es sich vermeiden lässt, sollten Sie die Pfifferlinge nicht waschen, sondern mit einem weichen Tuch oder einem Pinsel säubern. Sitzt zu viel Erde in den Lamellen, so geben Sie ein wenig Mehl in kaltes Wasser, waschen Sie die Pfifferlinge schnell (!) darin durch und legen Sie sie zum Abtropfen auf Küchenpapier.

KLASSIKER NEU INTERPRETIERT

Kasseler mit Apfel-Curry-Linsen

Turbo-Küche mit Raffinesse: Bei den Linsen sorgt Currypulver für überraschende Aromen, das Kasseler bekommt durch Honig eine neue Note.

500 g Kartoffelknödelteig (aus dem Kühlregal)
Salz
2 EL Butter
4 Kasseler-Koteletts (à ca. 180 g)
1 Zwiebel
2–3 TL Currypulver
200 g rote Linsen
2 kleine rotschalige Äpfel
Pfeffer
1–2 EL flüssiger Honig

Für 4 Personen
Zubereitung: 25 Min.
Pro Portion ca. 534 kca, 25 g E, 11 g F, 83 g KH

1 Reichlich Wasser für die Klößchen in einem breiten Topf zum Kochen bringen. Inzwischen den Knödelteig zu tischtennisballgroßen Klößchen formen. Das Wasser salzen und die Klößchen darin bei schwacher Hitze in gut 10 Min. gar ziehen lassen.

2 Währenddessen in einer breiten Pfanne 1 EL Butter zerlassen und die Kasseler-Koteletts darin bei schwacher bis mittlerer Hitze ca. 10 Min. braten. Dabei einmal wenden.

3 Gleichzeitig die Zwiebel schälen und fein würfeln. Die restliche Butter in einem Topf zerlassen und die Zwiebel darin glasig dünsten. Das Currypulver darüberstäuben und anrösten. Ca. 400 ml Wasser dazugießen. Die Linsen hinzufügen, das Wasser aufkochen und die Linsen bei mittlerer Hitze ca. 6 Min. köcheln lassen.

4 Die Äpfel waschen und gut trocken reiben. Vierteln, vom Kerngehäuse befreien und in Spalten oder Würfel schneiden. Zu den Linsen geben, mit Salz und Pfeffer abschmecken und 1–2 Min. köcheln lassen. Den Honig über die Koteletts träufeln und verteilen. Die Koteletts noch einmal wenden und mit dem Linsengemüse anrichten. Die Klößchen mit einer Schaumkelle aus dem Wasser heben, abtropfen lassen und dazu servieren.

TIPP

Nach 15 Min. stehen Kotelett und Linsen auf dem Tisch, wenn Sie statt der Knödel Kartoffelpüree aus der Packung oder Bauernbrot dazu reichen. Ebenfalls blitzschnell fertig und passend: in Butter goldbraun gebratene Schupfnudeln aus dem Kühlregal.

LECKER & RAFFINIERT

Rindfleisch aus dem Wok

300 g Minutensteaks vom Rind | 1 TL gemahlener Koriander | Salz | Pfeffer | 100 g Bambussprossen (aus der Dose) | 125 g Zuckerschoten | 1 EL Erdnussöl | 2 EL Cashewkerne | 2–3 EL Sojasauce | 125 ml Hühnerbrühe | 1 TL Speisestärke

Für 2 Personen
Zubereitung: 30 Min.
Pro Portion ca. 385 kcal, 38 g E, 19 g F, 15 g KH

1 Fleisch in feine Streifen schneiden. Mit Koriander, Salz und Pfeffer würzen. Bambussprossen abtropfen lassen, in dünne Scheiben schneiden. Zuckerschoten waschen und putzen.

2 Öl im Wok erhitzen. Fleisch und Cashewkerne darin von jeder Seite bei starker Hitze ca. 1 Min. anbraten, herausnehmen. Sprossen und Zuckerschoten im heißen Bratenfett 3–4 Min. dünsten. Fleisch dazugeben, mit Sojasauce und Brühe ablöschen. Speisestärke mit 2 EL Wasser verrühren, unter das Gericht mischen, kurz kochen, bis es gebunden ist.

Gefüllte Schweinesteaks mit Ricotta

4 Schweinelendensteaks (à 80–100 g) | 50 g Ricotta | 1 EL Semmelbrösel | 2 TL Tomaten-Pesto | Salz | Pfeffer | 8 Basilikumblättchen | 2 EL Olivenöl | 1 Knoblauchzehe | 6 Salbeiblätter | 100 ml Marsala | Holzstäbchen

Für 2 Personen
Zubereitung: 30 Min.
Pro Portion ca. 435 kcal, 46 g E, 25 g F, 22 g KH

1 Steaks quer auf-, aber nicht durchschneiden, waschen und trocken tupfen. Ricotta mit Bröseln, Pesto, Salz und Pfeffer mischen, mit je 2 Basilikumblättchen auf eine Fleischhälfte geben. Fleisch mit Holzstäbchen zustecken, salzen und pfeffern.

2 Öl in Pfanne erhitzen. Steaks auf jeder Seite ca. 5 Min. braten. Knoblauch schälen, klein schneiden, mit Salbei dazugeben und ca. 1 Min. mitbraten. Alles herausnehmen, warm halten. Bratensatz mit Marsala ablöschen, 2–3 Min. einkochen, salzen und pfeffern. Sauce zum Fleisch servieren.

KULINARISCH VERWÖHNT

Kalbsschnitzel mit Artischocken

200 g grüne Bohnen | Salz | 240 g Artischockenherzen | 2 Schalotten | 3 EL Olivenöl | 2 Kalbsschnitzel (à 130 g) | Pfeffer | 1–2 EL Mehl | 100 ml Kalbsfond | 1 EL TK-Petersilie

Für 2 Personen
Zubereitung: 30 Min.
Pro Portion ca. 410 kcal, 34 g E, 18 g F, 26 g KH

1 Bohnen putzen, waschen und halbieren. In Salzwasser ca. 5 Min. kochen, abgießen und abtropfen lassen. Artischocken abtropfen lassen und halbieren. Schalotten schälen und in Streifen schneiden.

2 In einer Pfanne 2 EL Öl erhitzen. Schnitzel salzen und pfeffern. In Mehl wenden und von jeder Seite 1–2 Min. braten. Herausnehmen, warm halten.

3 Übriges Öl erhitzen. Schalotten, Bohnen und Artischocken darin ca. 3 Min. dünsten. Fond angießen, salzen und pfeffern. Petersilie zufügen. Fleisch kurz in der Soße erhitzen und servieren.

Lammröllchen mit Joghurt-Dip

2 Lammlachse (à ca. 180 g) | Salz | Pfeffer | 80 g rote Paprikaschoten (aus dem Glas; gegrillt, gehäutet) | 50 g Feta | 4 TL Kräuterbutter | 2 TL Olivenöl | 100 g Sahnejoghurt | 1 TL Zitronensaft | ½ Knoblauchzehe | 4 Stängel Petersilie | Holzstäbchen

Für 2 Personen
Zubereitung: 30 Min.
Pro Portion ca. 500 kcal, 41 g E, 32 g F, 11 g KH

1 Fleisch trocken tupfen, längs halbieren, plattieren, salzen und pfeffern. Paprika in ca. 1 cm breite Streifen, Feta in Scheiben schneiden. Fleisch mit Kräuterbutter bestreichen, mit Paprika und Feta belegen. Aufrollen, mit Holzstäbchen zustecken. Grillpfanne erhitzen, mit Öl einstreichen. Röllchen darin rundherum 10–12 Min. braten.

2 Joghurt, Zitronensaft, Salz und Pfeffer verrühren. Knoblauch schälen, dazupressen. Petersilie waschen, hacken und unterheben. Dip und Röllchen servieren.

FEIN FÜR DIE WINTERZEIT

Gewürzentenbrust mit Maronen-Blaukraut

Vor allem im Winter ist dieses Gericht ein echter Klassiker. Es schmeckt aber natürlich genauso gut zu jeder anderen Jahreszeit!

40 g Butter
4 Entenbrustfilets (à ca. 300 g)
Salz
4 TL chinesisches Fünf-Gewürze-Pulver
¼ l Entenfond (aus dem Glas)
Saft von 1 Orange (ca. 100 ml)
Pfeffer
1 Zwiebel
1 säuerlicher Apfel (z. B. Boskop)
2 EL Butterschmalz
1 Dose Blaukraut (850 ml)
2 EL Zucker
250 g gegarte Maronen (vakuumverpackt)
1–2 EL Rotweinessig (nach Belieben)
1 ofenfeste Form (ca. 24 × 30 cm)

Für 6 Personen
Zubereitung: 30 Min.
Pro Portion ca. 605 kcal, 40 g E, 31 g F, 37 g KH

1 Die Butter für die Entenbrüste klein würfeln und ins Tiefkühlfach geben. Die Entenbrüste kalt abwaschen, abtrocknen und die Haut mit einem scharfen Messer rautenförmig einritzen. Rundherum mit Salz und dem Fünf-Gewürze-Pulver einreiben. Den Backofen samt der Form auf 120° vorheizen. Entenbrüste mit der Haut nach unten in eine kalte Pfanne legen, erhitzen, 3–5 Min. bei mittlerer Hitze braten, bis die Haut goldbraun ist, dann wenden und auf der anderen Seite ca. 3 Min. anbraten. Mit der Hautseite nach oben in die Form im Ofen (Mitte, keine Umluft) legen und ca. 15 Min. garen. Das Fett aus der Pfanne abgießen, den Bratensatz wieder erwärmen. Mit Fond und Orangensaft ablöschen, 10–12 Min. offen bei mittlerer Hitze köcheln lassen.

2 Inzwischen für das Blaukraut die Zwiebel schälen und fein hacken. Den Apfel schälen und ohne Kerngehäuse grob raspeln. 1 EL Butterschmalz in einem Topf erhitzen, Zwiebel und Apfel darin ca. 2 Min. unter Rühren anbraten. Das Blaukraut dazugeben und unter gelegentlichem Rühren bei mittlerer Hitze erwärmen. Das übrige Butterschmalz mit dem Zucker in einer Pfanne schmelzen. Die Maronen dazugeben, leicht salzen und unter gelegentlichem Rütteln der Pfanne in 2–3 Min. bei schwacher Hitze karamellisieren lassen. Die Maronen unter das Blaukraut mischen und dieses nach Belieben mit dem Essig abschmecken.

3 Die Entenbrüste aus dem Ofen nehmen und zugedeckt ca. 5 Min. ruhen lassen. Inzwischen die eiskalte Butter unter die Sauce rühren, diese nicht mehr kochen lassen. Mit Salz und Pfeffer abschmecken. Das Maronen-Blaukraut auf sechs vorgewärmte Teller geben. Die Entenbrüste in Scheiben schneiden und mit der Sauce dazu anrichten.

EINFACH ZUM VERWÖHNEN

Hähnchenfilet mit Salat-Stampf

500 g Kartoffeln | Salz | 1 kleiner Kopf Salat | 1 Bund Frühlingszwiebeln | 2 EL Öl | 2 Hähnchenbrustfilets (à ca. 150 g) | Pfeffer | 1/8 l Gemüsebrühe | 100 ml Milch

Für 2 Personen
Zubereitung: 30 Min.
Pro Portion ca. 510 kcal, 42 g E, 22 g F, 36 g KH

1 Kartoffeln schälen, würfeln und in Salzwasser gar kochen. Salat und Frühlingszwiebeln waschen, putzen. Salat in Streifen, Zwiebeln in Ringe schneiden. Öl in einer Pfanne erhitzen, Hähnchen darin scharf anbraten. Salzen und pfeffern, bei reduzierter Hitze rundherum ca. 10 Min. braten. Herausnehmen und warm stellen.

2 Frühlingszwiebeln in der Pfanne anbraten, mit Brühe ablöschen und kurz einkochen. Milch erhitzen. Kartoffeln abgießen und zerstampfen, Salat und Milch untermischen. Mit Hähnchen und Frühlingszwiebeln anrichten.

Hacksteaks mit Kürbisgemüse

300 g Rinderhackfleisch | Salz | Pfeffer | 1 EL Tomatenmark | 2 EL Öl | 2 Zwiebeln | 400 g Hokkaido-Kürbis | 1 TL gemahlener Kardamom | 1/2 TL Zimtpulver | 2 EL gehackte Petersilie

Für 2 Personen
Zubereitung: 25 Min.
Pro Portion ca. 535 kcal, 37 g E, 32 g F, 29 g KH

1 Hackfleisch mit Salz, Pfeffer und Tomatenmark vermengen und zu zwei flachen Steaks formen. 1 EL Öl in einer Pfanne erhitzen, Steaks von beiden Seiten scharf anbraten, dann ca. 10 Min. sanft braten.

2 Zwiebeln schälen und klein würfeln. Kürbis putzen und klein schneiden, Kerne dabei entfernen. Beides im restlichen Öl in einem Topf andünsten. Mit Salz, Pfeffer, Kardamom und Zimt würzen, etwas Wasser angießen und Kürbis zugedeckt 5–10 Min. garen. Abschmecken, zusammen mit den Hacksteaks anrichten und mit Petersilie bestreuen.

KOSTBAR & KÖSTLICH

Filetstreifen in Drei-Pfeffer-Rahm

300 g Rinderfilet | 1 ½ EL Rapsöl | Salz | Pfeffer | 2 EL Cognac (nach Belieben) | 100 ml Rinderfond (aus dem Glas) | 125 g Crème double | je 1 TL schwarze und rosa Pfefferkörner | 2 TL grüne Pfefferkörner (aus dem Glas) | ¼ Bund Schnittlauch

Für 2 Personen
Zubereitung: 25 Min.
Pro Portion ca. 525 kcal, 34 g E, 14 g F, 2 g KH

1 Filet trocken tupfen, in sehr dünne Scheiben schneiden. Öl in Pfanne erhitzen, Filetscheiben darin in 1–2 Min. bei starker Hitze anbraten. Salzen und pfeffern, aus der Pfanne nehmen.

2 Bratensatz mit Cognac ablöschen, einkochen lassen. Fond und Crème double zugeben, ca. 5 Min. kochen lassen. Pfefferkörner grob zerstoßen, dazugeben und weitere ca. 2 Min. garen. Filet hinzufügen, aufkochen lassen, salzen. Schnittlauch waschen, in Röllchen schneiden, darüberstreuen.

Medaillons im Spinatbett

4 Schweinemedaillons (à ca. 60 g) | Salz | Pfeffer | 2 rote Zwiebeln | 2 Knoblauchzehen | 1 EL Olivenöl | 2 EL Pinienkerne | 300 g TK-Blattspinat | 120 g Instant-Polenta | ½ l Gemüsebrühe

Für 2 Personen
Zubereitung 25 Min.
Pro Portion ca. 525 kcal, 37 g E, 18 g F, 52 g KH

1 Medaillons salzen und pfeffern. Zwiebeln und Knoblauch schälen und fein hacken.

2 Öl in einer Pfanne erhitzen und Medaillons darin scharf anbraten, herausnehmen. Zwiebeln, Knoblauch und Pinienkerne in der Pfanne leicht anbraten. Spinat dazugeben und unter Rühren auftauen lassen. Salzen und pfeffern, Medaillons darauflegen, alles zugedeckt noch ca. 10 Min. sanft garen.

3 Polenta nach Packungsanweisung mit der Brühe zubereiten. Zu Medaillons und Spinat servieren.

AROMA-FEUERWERK

Thunfisch mit Balsamico-Zwiebeln

Zarte Thunfischsteaks, aromatische Balsamico-Zwiebeln und als Sattmacherbeilage gibt's Thymian-Bratkartoffeln. Was will man mehr?

4 große Kartoffeln (ca. 600 g)
Salz
4 rote Zwiebeln
15–20 Zweige Thymian (oder 1 EL getrockneter Thymian)
6 EL Olivenöl
2 EL Tomatenmark
200 ml trockener Rotwein oder Gemüsebrühe
5–6 EL Aceto balsamico
4 Thunfischsteaks (à ca. 150 g, ersatzweise Rotbarschfilets)
Pfeffer

Für 4 Personen
Zubereitung: 30 Min.
Pro Portion ca. 620 kcal, 35 g E, 39 g F, 22 g KH

1 Die Kartoffeln waschen, schälen und in 1–2 cm große Würfel schneiden. Zugedeckt in wenig Salzwasser ca. 10 Min. garen. Inzwischen die Zwiebeln schälen, längs halbieren und in dünne Streifen schneiden. Den Thymian waschen und trocken schütteln. 4 Zweige zum Garnieren beiseitelegen, vom Rest die Blättchen abstreifen.

2 In einem kleinen Topf 2 EL Olivenöl erhitzen und die Zwiebeln darin anbraten. Das Tomatenmark einrühren und leicht anrösten, dann den Wein oder die Brühe dazugießen. Den Essig und ca. zwei Drittel der Thymianblättchen dazugeben. Alles offen ca. 10 Min. köcheln lassen.

3 Parallel dazu die Thunfischsteaks waschen und trocken tupfen. 2 EL Olivenöl in einer beschichteten Pfanne (oder einer Grillpfanne) erhitzen und die Thunfischsteaks darin anbraten. Mit Salz und Pfeffer würzen und bei schwacher Hitze auf jeder Seite 2–3 Min. braten. Die Thunfischsteaks aus der Pfanne nehmen und zugedeckt warm halten.

4 Die Kartoffeln abgießen und abtropfen lassen. Das restliche Olivenöl in der Pfanne erhitzen, die Kartoffelwürfel und den restlichen Thymian hineingeben und bei starker Hitze 2–3 Min. braten. Die Zwiebeln mit Salz und Pfeffer abschmecken, die Flüssigkeit eventuell bei sehr starker Hitze etwas einkochen lassen. Die Zwiebeln mit den Thunfischsteaks und den Kartoffeln servieren, mit Thymianzweigen garnieren.

GUT ZU WISSEN

Thunfisch gehört mit seinem hohen Anteil an Omega-3-Fettsäuren zu den besonders gesunden Fischsorten. Die ungesättigten Fettsäuren sind unter anderem wichtig für die Herzgesundheit, fördern die Durchblutung und wirken sich positiv auf die Blutfettwerte aus.

Forellen in Currybutter

Traditionelles auf neue Art: Hier bekommen die beliebten Süßwasserfische zur Abwechslung mal eine exotische, orientalische Note.

4 küchenfertige Forellen (à ca. 300 g, siehe Tipp)
Salz
weißer Pfeffer
60 g Mehl
75 g getrocknete Cranberrys
200 g Langkornreis
300 g TK-Blattspinat
ca. 75 g Butter
2 EL Currypulver

Für 4 Personen
Zubereitung: 30 Min.
Pro Portion ca. 590 kcal, 37 g E, 21 g F, 62 g KH

1 Die Forellen innen und außen waschen und gut trocken tupfen. Innen mit Salz und Pfeffer würzen. Das Mehl auf einem großen Teller mit Salz und Pfeffer mischen und die Forellen darin wenden. Überschüssiges Mehl abklopfen.

2 Für den Reis ½ l Wasser aufkochen. Die Cranberrys in einem Schälchen mit warmem Wasser übergießen. Das Wasser für den Reis salzen, den Reis einstreuen und ca. 10 Min. garen. Dann die Cranberrys mit dem Einweichwasser unter den Reis mischen. Den gefrorenen Spinat ebenfalls untermischen und alles in ca. 10 Min. fertig garen.

3 Inzwischen die Butter in einer breiten beschichteten (Fisch-) Pfanne zerlassen und das Currypulver einrühren. Die Forellen darin bei mittlerer Hitze ca. 15 Min. braten, zwischendurch vorsichtig wenden, eventuell noch etwas Butter dazugeben.

4 Die Reis-Spinat-Mischung abschmecken und mit den gebratenen Forellen und der Currybutter anrichten.

TIPP

Frische Forellen gibt es leider nicht immer und überall zu kaufen. Sie können auf tiefgekühlte Fische ausweichen, die allerdings vor der Verwendung auftauen müssen. Ansonsten bleibt die Zubereitung gleich. Alternativ können Sie andere Portionsfische nehmen, etwa Felchen oder Renken, oder Sie kombinieren den Cranberry-Spinat-Reis mit in Currybutter gebratenen Fischfilets.

TIPP

Das allseits bekannte Currypulver ist eine Gewürzmischung aus den verschiedensten Gewürzen und kommt aus dem indischen Kulturraum. Wer einen Mörser besitzt, sollte sich sein Currypulver am besten selbst mischen. Die Aromen übersteigen bei Weitem den Geschmack des schnöden Supermarkt-Currys. Hier ein Rezept für ein mildes Currypulver: 1 TL Senfkörner, 3 Gewürznelken, 1 TL Pimentkörner, 1 TL Pfefferkörner, 1 EL ganzer Koriander und 1 EL ganzer Kreuzkümmel in einer Pfanne ohne Öl rösten, bis die Gewürze anfangen zu duften. Regelmäßig umrühren, damit nichts anbrennt. Die abgekühlten Gewürze in einen Mörser geben und zu einem feinen Pulver mahlen. 1 EL gemahlenen Kurkuma hinzufügen und alles gut vermischen. Das Currypulver in ein Glas mit Schraubdeckel füllen und an einem dunklen, kühlen Ort lagern.

MIT FEINER SCHÄRFE

Lachs mit Limetten-Chili-Butter

4 Stücke Lachsfilet (à ca. 150 g, ohne Haut)
Salz
Pfeffer
1 EL neutrales Pflanzenöl
2 Bio-Limetten
1 gelbe Paprikaschote
1 große rote Chilischote
1 Knoblauchzehe
½ Bund Petersilie
100 g Butter
Zucker
1 Auflaufform (ca. 24 × 30 cm)

Für 4 Personen
Zubereitung: 25 Min.
Pro Portion ca. 535 kcal, 29 g E, 44 g F, 3 g KH

1 Den Backofen samt der Form auf 120° vorheizen. Die Lachsfilets kalt abspülen, trocken tupfen, salzen und pfeffern. Eine Grillpfanne erhitzen, die Stege mit dem Öl einpinseln und die Lachsfilets darin von jeder Seite ca. 1 Min. anbraten. Dann in die Form im Ofen legen und ca. 10 Min. garen.

2 Inzwischen die Limetten heiß abwaschen, abtrocknen und in dünne Scheiben schneiden. Die Paprikaschote putzen, waschen und in millimeterfeine Würfelchen schneiden. Die Chilischote waschen, abtrocknen und mit den Kernen in feine Ringe schneiden. Den Knoblauch schälen und fein hacken. Die Petersilie waschen und trocken schütteln, die Blätter abzupfen und fein schneiden.

3 Die Butter in einer Pfanne aufschäumen, aber nicht braun werden lassen. Limettenscheiben, Paprikawürfelchen, Chiliringe, Knoblauch und Petersilie darin ca. 1 Min. andünsten, mit Salz und 1 kleinen Prise Zucker würzen. Über die Lachsfilets verteilen und diese in weiteren ca. 5 Min. fertig garen. Mit knusprigem Baguette servieren.

LECKER & EDEL

Seeteufel mit Kapern-Senf-Sauce

350 g Seeteufelfilet
1 Schalotte
2 EL Butter
Salz
4 EL trockener Weißwein (ersatzweise Wasser)
150 g Crème fraîche
1 EL Dijonsenf
1 EL kleine Kapern (aus dem Glas)
weißer Pfeffer
1–2 TL Zitronensaft

Für 2 Personen
Zubereitung: 20 Min.
Pro Portion ca. 585 kcal, 38 g E, 51 g F, 4 g KH

1 Den Seeteufel in sechs oder acht Medaillons schneiden. Die Schalotte schälen und sehr fein hacken. Die Butter in einer Pfanne schmelzen und die Seeteufelmedaillons darin bei mittlerer Hitze von jeder Seite ca. 2 Min. anbraten. Leicht salzen, herausnehmen und zugedeckt warm halten.

2 Die Schalottenwürfelchen im Bratensatz andünsten, mit dem Weißwein ablöschen. Crème fraîche, Senf und Kapern einrühren und einmal aufkochen lassen. Sauce mit Salz, weißem Pfeffer und Zitronensaft abschmecken. Die Seeteufelmedaillons in die Sauce legen und darin bei schwacher Hitze zugedeckt 3–4 Min. ziehen lassen. Auf zwei vorgewärmten Tellern anrichten.

UND DAZU?

Sie können Dillreis dazu reichen: Während Sie den Fisch zubereiten, 1 Kochbeutel 10-Minuten-Langkornreis (125 g) nach Packungsangabe kochen. Dann abtropfen lassen, aus dem Kochbeutel nehmen und mit 1 TL Butter und 1 EL fein gehackten Dillspitzen mischen.

Thailändisches Fischcurry

Wie auf dem Nachtmarkt in Bangkok: Eilige Köche mit Fernweh können sich mit diesem Blitzrezept ganz leicht nach Asien träumen.

500 g festes Meeresfischfilet (z. B. Meerbarbe oder Kabeljau)
1 Bund Frühlingszwiebeln
1 Dose Baby-Maiskolben (in Wasser, 280 g Abtropfgewicht)
2 EL Öl
1–2 EL rote Currypaste (Asienregal im Supermarkt oder Asienladen)
¼ l ungesüßte Kokosmilch
Salz
200 g Reisbandnudeln
2–4 EL Sojasauce
4 Stängel Thai-Basilikum oder Minze

Für 4 Personen
Zubereitung: 20 Min.
Pro Portion ca. 515 kcal, 31 g E, 19 g F, 54 g KH

1 Für die Reisnudeln Wasser zum Kochen bringen. Inzwischen das Fischfilet waschen und trocken tupfen, eventuell noch vorhandene Gräten entfernen und das Fischfilet grob würfeln.

2 Die Frühlingszwiebeln waschen, putzen und schräg in feine Ringe schneiden. Die Maiskolben in ein Sieb abgießen und abtropfen lassen.

3 Das Öl in einem Wok oder Topf erhitzen und die Frühlingszwiebeln darin bei mittlerer bis starker Hitze unter ständigem Rühren ½–1 Min. anbraten. Die Currypaste dazugeben und mit anbraten. Die Maiskolben unterrühren, dann die Kokosmilch dazugießen. Die Fischstücke hinzufügen und vorsichtig mit den anderen Zutaten mischen. Alles bei schwacher Hitze 4–5 Min. garen. Zwischendurch ganz vorsichtig umrühren, damit der Fisch nicht zerfällt.

4 Parallel dazu das Nudelwasser salzen und die Reisnudeln darin nach Packungsanweisung nicht zu weich garen. In ein Sieb abgießen und gut abtropfen lassen.

5 Das Curry mit der Sojasauce abschmecken. Das Thai-Basilikum oder die Minze waschen und trocken schütteln, die Blättchen abzupfen und grob hacken. Das Curry damit bestreuen und mit den Reisnudeln servieren.

VARIANTEN

Currys lassen sich vielseitig abwandeln und sorgen immer wieder für neuen Genuss. Nicht nur beim Fischfilet können Sie variieren, sondern auch bei den anderen Zutaten. Wenn Sie keine Maiskolben bekommen, nehmen Sie Maiskörner. Statt mit Currypaste können Sie mit Currypulver für Würze und Schärfe sorgen, verwenden Sie dann am besten Madras-Curry. Und wenn Sie keine Reisbandnudeln bekommen oder diese nicht so gern mögen, reichen Sie Basmatireis dazu.

Register

IMPRESSUM

König & Berg ist ein Imprint der GRÄFE UND UNZER VERLAG GmbH

AUTOREN
Susanne Bodensteiner, Martina Dobrovicová, Tanja Dusy, Dr. med. Christian Guth, Burkhard Hickisch, Angelika Ilies, Christina Kempe, Martin Kintrup, Martina Kittler, Ira König, Bettina Matthaei, Doris Muliar, Margit Proebst, Dagmar Reichel, Cornelia Schinharl, Christa Schmedes, Brigitta Stuber, Cornelia Trischberger, Dagmar von Cramm, Cora Wetzstein

BILDNACHWEIS
Barbara Bonisolli: 93, 96, 97, 99, 105; Food Art Factory/ Einwanger: 49, 57, 61, 71, 79, 116; Fotostudio Eising: 24, 25; Grossmann/Schuerle: 4; Julia Hoersch: 9; Coco Lang: 23, 36, 39, 41, 45; Anne Rogge/Jan Jankovic: 10, 34, 35, 50, 51, 62, 63, 76 li., 77, 84, 85, 128, 129, 132, 133; Jörn Rynio: 15, 18, 29, 33, 53, 54, 58, 65, 66, 67, 87, 88, 89, 90, 91, 95, 102, 113, 117; Wolfgang Schardt: 11, 68, 72, 73, 76 re., 82, 83, 101, 119; Ulrike Schmid/Sabine Mader: 42, 43, 46; Peter Schulte: 7, 13, 26, 27; Studio L'Eveque, Tanja & Harry Bischof: 16, 17, 30, 31, 47, 109, 110, 111, 122, 123, 125, 131, 138, 139; Thorsten Suedfels: 2, 21, 75, 81, 115, 121, 127, 135, 137, 141

Umschlag: Anne Rogge/Jan Jankovic (Klappe hinten, hinten oben links, hinten oben rechts, vorne oben Mitte, vorne oben rechts), Jörn Rynio (hinten unten links, vorne unten links), Wolfgang Schardt (vorne oben links, vorne unten rechts), Studio L'Eveque, Tanja & Harry Bischof (hinten oben Mitte, hinten unten rechts)

GESAMTPRODUKTION DER DEUTSCHEN AUSGABE
h3a GmbH, München

UMSCHLAG UND INNENLAYOUT
Zero Werbeagentur, München

REPRODUKTION
Repro Ludwig, Zell am See

DRUCK UND BINDUNG
Polygraf Print, Prešov

ISBN: 978-3-8338-6220-5
1. Auflage 2017